S unheimlich schlächt gluunte Rotchäppli u angeri Gschichte

Cornelia und ihrer Mutter gewidmet

Herstellung und Verlag: BOD- Books on Demand,Norderstedt
©Autorin: Claudia J. Schulze, 2021,
Übersetzerin: **Cornelia Grütter-Nessier**, Bilder von Anke
Hartmann, Vertonung von „Mias Zääje" durch Deborah Mock
ISBN: 9783753438696

Inhalt

Mias Zääje

D Mia het ned guet chönne läse u schribe. Sie hetts lang probiert, länger aus die meischte angere Ching, aber us irgend emene Grund isches ihre ned glunge, us de Buechstabe öppis la z entstah, mit däm sie öppis hätt chönne afah. Diktat si ihre gröschti Alptroum gsi, vieli Buechstabe hei i ihrne Ohre eifach z ähnlech tönt. Es isch zum Verzwifle gsi. Ufsätz hetsi zwar gärn gschribe, wiu aber meischtens jedes zwöite Wort vor Lehrerin isch agstriche gsi, u es grosses runds rots „1" unger fasch jedem vo ihrne Wärch gstange isch, hett d Mia schliesslich beschlosse, ihri Gschichte lieber mündlech z verzeue.

Immerhin machts ke Spass, wenn aui nur uf de nächscht Fähler luure, anstatt uf de Inhalt wo ihre wichtig wäre gsi, z achte, het d Mia gfunge. Us däm Grund isch auso us dr Mia e Gschichterzählerin worde u ou mir isch die z Ohre cho. Ig ha d Mia bittet, die für sie dörfe ufzschribe u sie het zuesgstumme. Zerscht möcht ig euch vonere Eigeheit brichte, wo ig mit ihre verbinde wenns um ihri Erzählige geit.

Am liebschte isch d Mia, das Meitschi wo so gärn Gschichtene verzeut het, nämlech am Wasser gsässe u het ihri Zääje tünklet.

Mit de Füess im Wasser verzeut sech nämlech jedi Gschicht fascht wie vo säuber. Agäblech hanget das mitem Fluss vor Erzählig zäme.

Bewiese chanis aber ned.

Einigi vo de Gschichte wo d Mia verzeut het, hei e

wahre Hingergrund gha, angeri hett sie sech usdänkt. Wobi ig settigi Ungerscheidige komisch finge, wiu ou erfungeni Gschichte wahr chöi si, uf ihri eigeti Art. D Mia het viu Zuehörer gha. Öbs jetz Tier si gsi, ihre Fründ Lukas oder sogar Frömdi. D Mia het jede i ihre Bann zoge.

Mängisch hett me Stei u Bei chönne schwöre, dass sie persönlech mit derbi isch gsi, bi jeder einzelne Gschicht wo sie verzellt het.

Zuegäh hätt sie das aber sicher ne. Ohnehin het d Mia nur genauso viu verrate wie sie het wöue. Weme versuecht het meh us ihre usezlocke, het sie nur grinset u ufghört rede. Doch die Gschichte hie, die het sie mier aui persönlech verzeut.

I muess zuegäh, es cha niemer so guet verzeue wie sie. Öbs a de Füess im Wasser ligt? Ig wierdes demnächst usprobiere.

Schnuppe u s Eihorn

Zwüschem Schwarzwald u dr Nordsee hets kes einzigs Meitschi gä, wo fräscher isch gsi aus d Schnuppe. Ihre richtig Name hei aui scho vergässe.

Me hetse nur Schnuppe gnennt.

D Schnuppe het eigetlech ganz schnügig usgseh, aber sie hets fuuschtdick hinger de Ohre gha. Sie het angeri Ching agspöit u het mngisch wiudfrömdi Mönsche agrämplet, ou Erwachsni u het pääget: „Du stinksch"!

Er Schnuppe ihres Mami het aupott grännet, wiu sie sech ke Rat meh mit ihrer wiude Tochter gwüsst het. Bsunders schlimm worde isches nachem zügle. Er Schnuppe ihre Papi isch wieder nach Amerika zoge, wo är no e Familie het. Irgendwie isch d Schnuppe dervo überzügt gsi, dass das ihri Schuld isch gsi. A däm änderet ned mau dr Manfred, em Mami si neu Fründ öppis, u dä isch würklech sehr nätt.

Bestimmt wär dr Papi da blibe, we si angersch wär gsi.

Und natürlech ou ihri Schwöschter Laura.

Zmingscht het d Schnuppe das gloubt. In Wahrheit is so gsi, dass d Schnuppe nüt hät chönne ungernäh, zum ihn dra z hindere, z gah. Mängisch cha me eifach überhoupt nüt mache u muess zueluege, wie settigi Sache passiere, o we eim das trurig macht – oder wüetend. Meischtens isch d Schnuppe nur wüetend gsi.

Bir Chinderpsychologin, Frau Prof. Dr. Hühnerklein, het d Schnuppe aui Büecher wo im Wartezimmer si gläge, verhützt. Sie het die schöne blaue Spiubäll verbisse u sogar die auti Chatz gschuttet, wo uf der Stäge vor der Arztpraxis gsünnelet het. U obwohl d Frou Dr. Hüehnerchli schüsch immer sehr geduldig isch gsi mit Ching, het si nachdäm Vorfall d Schnuppe am Chrage packt u use ad Luft gsetzt.

Churzum: d Schnuppe isch mit niemerem z rächt cho u kene het d Schnuppe möge. Aber meischtens hetse das ned kümmeret. Sie het eifach uesgspöit wesi öpper het gseh, oder het gfährlech mit de Ouge grollet.

Aber mängisch isch d Schnuppe eifach trurig gsi.

I däm Ougeblick het sie sech gwünscht, dass sie wenigschtens en einzige Fründ uf dr Wäut hätti. Aber wie söu das funktioniere?

Sie het ja säuber gwüsst, dass sie schwierig isch. Mängisch het sie gar ke Luscht gha, unger d Mönsche z gah. Aber dihei hätt sie entwäder ständig mitem Mami gstritte oder sich schrecklich glängwilet.

Darum schländeret sie a däne Täg, wo sie ned mau meh Luscht het gha Lüt z erchlüpfe, düre Waud am Stadtrand. Das het wenigschtens Spass gmacht. Mit der Zit isch ihres Radius immer grösser worde u sie isch töifer u töifer i Waud idrunge.

Mängisch, a de hellere Summeräbige, isch d Schnuppe sogar heimlech usem Fänschter klätteret, zum i Waud z gah. Sie het dört vielmals e huufe Stunde verbracht, mängisch sogar bis churz vor Sunneufgang.

D Schnuppe het alei mit ihrer Mami am Stadtrand gwohnt, so dases kes Problem isch gsi, am Abe schnäu übers Fäud bis zum Waudrand z loufe ohni dass se öpper gseh hät. S Wichtigschte sch jedes Mau gsi, unbemerkt am haubi sibni, churz vorem Zmorge zrüggzcho. Normalerwis isches ou bi Dunkelheit kes Problem gsi, wieder zrüggzfinge. Sech dusse ir Natur z orientiere, het zu ihre Stärchine ghört. Hüt isches allerdings angerscht gsi. Sie het dr Wäg zrügg eifach nümme gfunge. Viumeh het sie s Gfühl gha, dass sie sich immer witer vo dehei entfärnt.

Sie hets mit der Angscht z tüe übercho, doch denn hetsi ufgstampft u luut gseit: Isch mir doch schnuppe!" So ischsi damals ou zu ihrem Name cho. Sie isch auso immer witer glüffe u het probiert, unerschrocke z si.

Plötzlech het si öppis vor sich uf der Liechtig gseh wo sogar ihre d Sprach verschlage het. Es isch e Boumstamm gsi, wo öpper es Eihorn drufgschnitzt het. Dä Boumstamm isch ihre vorhär no nie ufgfaue. Entweder ischsi no nie hie gsi, oder aber die Schnitzerei isch neu gsi. Schnuppe isch nächer häre gange, zum Lüge, öb scho e Verwitterig z erkenne isch, oder öb die Schnitzerei tatsächlech früsch isch. Schlussändlech ischsi mit der Hand über s gschnitzte Eihorn gfahre u het gmerkt, dass es völlig glatt, unversehrt u ganz neu z si schint.

Si gspürt jedi chli Riue i däm dräjte Horn. Ganz verteuft het sie das chline Meischterstück befühlt u ungersuecht. Doch i däm Momänt het si es Grüsch ghört. Sie isch zäme zuckt, wiu diräkt hinger däm Stamm isch no öppis gsi.

Sie het dr Schnuuf aghalte u gstuunet. Sisch s

schönschte gsi, wo sie überhoupt jemaus gseh het: es strahlend wisses Ross, nei, kes normaus Ross. Es het sech, u da dra gits absolut keiner Zwifel, um es ächts Eihorn ghandlet. Sis Fäli het ir Dunkuheit so siubrig-wiss glüchtet, aus wäri der Mond persönlech uf d Ärde abegstige u hät sech ines Eihorn verwandlet. D Schnuppe het sech ungläubig d Ouge gribe.

Wosi de gnue gribe u wieder ufgluegt het, isches no immer dagstande. S wunderbarschte Eihorn, wo me sech überhoupt cha vorsteue.

Vor luter Ufregig het d Schnuppe d Luft aghaute wiu si sech gar nüm derfür gha het, z schnuufe.

S Eihorn schint d Schnuppe ned z beachte u chätschet a de Gräser, wo bi sine Hufe si. D Schnuppe het no immer ned chöne gloube, was sie da gseh het.

No grad het si dänkt, Eihörner gits doch nur i de Märli.

Da het s Eihorn dr Chopf glüpft u zu ihre übere gluegt.

D Schnuppe isch erchlüpft.

Es het er Schnuppe diräkt id Ouge gluegt. „Guete Tag" hets de mitere ruhige u fründliche Stimm gseit. „Mi Name isch Esmeralda", es het dr Chopf chli gsänkt u gfragt: „U wie heissisch du?"

„Sch…nuppe", het d Schnuppe rächt verzwiflet gstaglet u mit ihrem Finger ganz verläge uf ihrem Arm umegstocheret. „Das cha ned si", het s Eihorn mit strahlend brune Ouge gseit.

„So es zouberhafts Meitschi wie du het doch sicher ganz e wunderbare Name, so wie…" s Esmeralda luegt d Schnuppe fragend a u leit der Chopf schräg.

„Mia", seit d Schnuppe lieslig. „Mi richtig Name isch Mia." Sie het dr Chopf gsänkt. „Ig hane scho fascht vergässe."

„So e wunderschöne Name cha me unmöglech vergässe", het s Eihorn mitere sanfte Stimm gseit. „Chum Mia, stieg uf mi Rügge, ig möchter öppis zeige."

D Esmeralda het dr Chopf gsänkt u sech chlei chliner gmacht, so dass d Schnuppe liechter uf ihre Rügge cho isch.

Ohni lang z überlege, isch d Schnuppe ufe Rügge vor Esmeralda klätteret. Zerscht isch s Eihorn langsam trabet, damit sech s Meitschi u sim Rügge nach und nach a ihns het chönne gwahne. Doch denn si si i fasch atemberoubender Gschwindigkeit dür d Nacht gritte. U dennoch isches bequem gsi wie imene Wiegeli.

Irgendwenn isch d Schnuppe eifach ufem Rügge vor Esmeralda igschlafe. Sie het sech ar länge wisse Mähne ghäbt u s helle Liecht vom Mond het uf beidi abeglüchtet. Es isch friedlech u zglichem schnäu gsi, wie sie da dür d Nacht gritte si.

Doch da isch d Schnuppe plötzlech dür es rüttle wach worde. D Esmeralda isch blibe stah. Verwundert het sech d Schnuppe umegluegt.

S schint sech umenes chliises Dorf z handle, das vo merkwürdige Wäse bewohnt wird. „Das si Trolle", het d Esmeralda ganz ruhig gseit. Sie läbe hie ganz vesteckt vor Mönscheouge, aber dir wett ig es zeige. „Warum grad mir?" hett d Schnuppe wöue wüsse. „Du wirsches scho gseh, Mia". Het d Esmeralda gseit. Sie hett se absichtlech Mia gnennt. Irgendwie het dass er Schuppe rächt guet gfaue.

Fasch chönt sie sech wieder a ihre richtig Name gwahne.

Sie versteit eigetlech gar nüm richtig, wie är ihre het chönne abhande cho.

Aber d Trolle machere Angscht. Sie rolle mit de Ouge, mit furchtbar grosse, glubschige Ouge. Sie hei gspöit u tobet u hei sech agschroue, hei z lut glachet u ihri Späss si z plump über echo.

Sie hei fluechend Geisse u Mischtgable dür d Luft gworfe u hei schüsch no auerhand Schabernack tribe.

D Mia het sech töifer id Mähne vor Esmeralda inegrabe

u het d Trolle us der Sicherheit vor Wärmi wo us der Esmeralda ihrem Rügge usegeit, beobachtet. Ihri Händ si töif ir Mähne vergrabe was ihre e guete Halt gä het, u das isch guet gsi so. Sie het nämli das wilde Tribe ned gärn gha u het befürchtet, dass eine vo de Trolle si chönti entdecke. Darum het sie sich ufem Rügge vor Esmeralda so chli wie nur möglech gmacht.

Zum Glück sie die Trolle viu z fescht mit sech säuber beschäftiget gsi, aus, dass sie sich um es chlises Meitschi interessiert hätte. „Hie wett ig ned blibe, Emseralda", het si lislig küschelet. Esmeralda nickt mitem Chopf, bläiht d Nüschtere u galoppiert witer.

Nacheme Zitli sie si ane ganz angere Ort cho. Vo witem het sie scho wunderschöni Elfe gseh. Es gseht us, aus würdi aues a ihne lüchte u glitzere. Eine Elfe, wo es goldgäubs Chleid anne het, redet inere sprach, wo d Mia no nie ghört het. Ou die angere Efle u Fee hei i dere er Mia völlig unbekannte Sprach gantwortet. Sie hei kicheret und si umene Boum umetanzet. Jede vo ihne het es Chleid inere andere lüchtende Farb anne gha. Sie hei grad usgseh wie winzigi, lüchtendi, luschtigkomischi Prinzässinne ufemene Hofball. Derbi si ihri Stimme hell u ihri Bewegige zierlech gsi. So es bizeli hei si d Mia a die kichernde Meitschi us ihrer Klass erinneret. Aber nur e chli, wiu kes vo däne Meitschi hätti jemals so perfekt chönne si, wie die Waldbewohnerinne.

We si nur wüssti, i welere sprach die sech ungerhaute. D Esmeralda schint er Mia ihri Gedanke chönne z läse, denn sie seit: „Das isch d Sprach vo de Fee u Elfe, wo i däm Teil vom Waud gredet wird."

D Mia stunet über die Schönheit und das Amächelige, wo vo dene Elfe us geit. Würklech niemer chönti jemals so überirdisch schön u elegant si wie die troumhaft schöne Gschöpf.

Sogar ihres Lache het tönt wie s Abperle vomene Toutropfe vonere am Morge sich öffnende Blüete. Sie si s komplette Gägeteil vo de grobschlächtige u lute Trolle. Trotzdäm het d Schnuppe ou hie nid länger wöue blibe. Sie het so es unguets u komisches Gfühl gha, me chas chum erkläre. Ohni dass d Mia das er Esmeralda het müesse erkläre, ischsi witer galoppiert, id Nacht use. Ihri Hufe sie nur so übere Undergrund gleitet, schnäuer u schnäuer u doch voller Sicherheit. D Mia chlammeret sech erneut a ihrer wisse weiche Mähne fescht.

Dr Mond strahlt u d Stärne funkle so häu, so dass d Bäum wie es Schattespiu usgseh. Das het er Mia gfaue, trotzdäm ischsi froh gsi, dass d Esmeralda dr Wäg zrüg het aträte. Es isch wieder so bequem gsi ufem ihrem Rügge, dass d Mia nacheme Zitli wieder isch igschlafe. Zwüschedüre ischsi ab u zue wach worde, u het d Bäum nur so gseh verbiruusche. Nacheme Zitli, sisch inzwüsche scho chlei häu worde, erkennt d Mia s Waldstück wieder, wo sie d Esmeralda zerst het gseh. Sie isch richtig erliechteret gsi, dass sie wieder id Nächi vo ihrem Deheime isch cho. D Luscht uf Abentür isch jetz afe mau gstillt gsi.

„Mir si da Mia", het d Esmeralda mit ihrer ruhige u feschte Stimm gseit. E Stimm so überirdisch, dass me es gar ned richtig cha beschriebe. De ischsi blibe stah u het dr Chopf zur Mia dräiht, wo uf ihrem Rügge gsässe isch.

„Jetz wett in dir 3 Frage stelle." D Mia nickt u wartet gspannt uf die erschti Frag vor Esmeralda.

„Mini erschti Frag isch: Was hesch du gseh, wo du die Trolle ghesch gseh?" d Mia het lislig gseit: „Ig ha mi gseh – aber schlimmer." D Esmeralda nickt. „Mini zwöiti Frag isch: Was hesch du gseh, wo du die Fee gseh hesch?" „Öppis wo schöner u fründlecher isch gsi aus ig… u …, " d Mia zögeret. „Ja?" het d Esmeralda fragend gseit... „u öppis wo ig ned wett si!" „Ig weiss"; het d Esmeralda lächelnd gseit. „Darum bisch du ou Schnuppe gnennt worde." D Mia nickt. „Ig ha no nie wöue so es bravs, hübschs, kichernds u längwiligs Meitschi si." „Findsch du de Fee längwilig"? het d Esmeralda wöue wüsse. „Nei gar ned," het d Mia gantwortet. „Aber du weisch scho… feehafti Meitschi… ig wett äbe eifach mi säuber si."

D Esmeralda schüttlet ihri Mähne: „Du wetsch aber ou ke Troll si oder?" Sie het e Grimasse zoge, wo öppe imene Troll hätti söue ähnlech si. Es Eichhörnli isch verbighuschet. D Mia isch froh, dass es ihre chlei Bedänkzit gschaffet het u so het sis e chli beobachtet u het nachedänkt.

De het si dr Chopf gschüttlet. „Nei, eigetlech möchte ig nur mi säuber si, versteisch du das?" d Esmeralda nickt: „Ja das verstahni." Darum han ig dir beidi zeigt, Trolle u dFeene, wiu ig dir ha wöue zeige, dass du keis vo beidem bisch." D Mia überleit: „Du meinsch, ig müess mi ab jez nüm wiene Troll uffüehre, nur will ig kei Fee wett si?" „Ganz genau," antwortet d Esmeralda ihre. „Du darfsch e Mönsch si u du darfsch d Mia si. S Eichhörnli isch schnäu i sini sicheri Boumchrone verschwunde. D Mia het nachedänkt u ihre Chopf id Höchi gstreckt, zum s Eichhörnli nomau zgseh und zum dWort vor Esmeralda i sich la nachezwürke. Das si Wort gsi, uf die hetsi lang gwartet.

Was für es Glück, dass ihre d Esmeralda begägnet isch. Die het geduldig es Zitli gwartet. „U jetz häb di fescht, ig bringe di zrüg zum Waldrand" het sie gseit. Schlussändlech heisi beidi dr Boumstamm erreicht, mitem gschnitzte Eihorn druffe. „Uf Wiederluege, vilech bis baud, mini Mia", het d Esmeralda no gseit. Sie sänkt dr Chopf e chli zum Abschied u d Mia het es letschts Mau ihri wissi u zouberhaft weichi Mähne dörfe alänge. „Ig wett ned, dass Du geisch!" het si no gseit.
Aber sie het gwüsst, dass das nüt wird ändere.

D Esmeralda het se nomau churz agstupst. De dräiht si sech um u galoppiert dervo. D Mia setzt sech müed mitem Rügge a Boumstamm u het nochli a sie dänkt u a ihres wisse, weiche Fäli.
I de früeche Morgestunde het sech d Mia im Gras am Waldrand wiedergfunde.

Tatsächlech muess si igschlafe si. Über ihre ufeme
Ascht het e chline Vogu zwitscheret.
E schwarzglänzendi, ussergwöhnlech chlini Chräihe
sitzt still dernäbe u blinzlet ihre zue.
Jetz im Morgeliecht, merkt sie, dass sie gar ned wit wäg

vom Wäg sich gsi. E jungi Frou, wo grad mit ihrem chline Hund a der Leine spaziert, chunt grad verbi. „Was machsch du de so ganz elei hie usse?" het sie besorgt gfragt.

D Frou het dr Hund ufe Arm gno „u wie heissisch du de überhoupt?" „Mia" het sie lächelnd gseit u isch losglüffe. We sie vorem z Morge wett dehei si, de muess sie jetz pressiere.

Em Bruno sini Reis

De Bruno isch e Bär gsi, wo im schönschte Land vor Wäut, nämlech z Italie, gläbt het. Obwohls würklech kes Land mit däm Italie het chönne ufnäh, het dr Bruno Heiweh gha. Er het zrüg is Land vo sine Ahne, zrügg is Land vo de Bärge u de glasklare Bärgsee wöue, nämlech: nach Bayern. Siner Vorfahre si dert i Stand vo de Berüehmtheite erhobe worde. Bilder vo ihne si uf Wappe ufdruckt gsi u Restaurants si nach ihne benennt worde. Me hetne sogar mänschlichi Näme gä, durchus liebvolli, bevor d Angscht vor ihne Überhand het gno u mer aui zäme het erschosse. Vilech isches ned nur d Angscht elei gsi. De Mänsche isch d Luscht am Töte ned frömd u so hei ned nur d Bäre müesse ihres Läbe la. Vorhär hetme aber ufghört., ihne Näme z gäh. Ohni Näme fallt s töte liechter. Ou angeri Tier si dere Mordluscht zum Opfer gfaue. Glichzitig hets immer meh Mönsche gäh, d Azahl isch jedes Jahr gwachse, so dases ou us däm Grund immer weniger Platz für d Bäre het gäh. Em Bruno si Vorfahr het sech grad no chönne ines benachbarts Land rette. Är isch eine vo der letschte vo sire Art gsi u het sech i Waud u Flur dementsprächend verlore gfühlt – bis är e Bärin troffe het u e Familie het gründet, wo de uf Umwäge in Zentral-Europa wieder heimisch isch worde. Vieli si nach Russland, Pole, Rumänie u Slowenie zoge. Siner Eltere, Joze u d Jurka, sie vieli Jahr später wieder im Alpegebiet glandet, so dass dr Bruno mit sine zwe Brüedere in Italie isch ufgwachse. Ned am Meer, sondern i de italienische Bärge, wo ned wit wäg si vo Östrich u ou ned wit wäg vo Bayern entfärnt lige. U es isch wahr, wie ig vorhär scho ha gseit, was me über das Land z verzeue weiss. Mit nüt chame Italie vergliche. D Wärmi u der Duft vor bärgige Luft, dr lislig Wind, s Lache vo de Mönsche, wo der Bruno nur vo Witem vernoh aber glich wahr gno het. Nach heter sech ned a d Mönsche antrout. Är het lieber mit sine Brüetsche em Beppo u em Lumpaz gspiut, u doch heter d Grüsch vo de Mönsche us der Färni, d Grüch vom Wald u vom Bärghang u s Gfühl vo der Sunne uf sim brune Pelz wahrgno.

Doch öppis het ihn nie losglah. Sisch d Sehnsucht nach der Heimat vo sine Vorfahre gsi. E Sehnsucht, wo är säuber ned ganz verstande het, da är ja jetz amene so wundervolle Ort gsi isch. Vernunft hiuft, wie scho so mängsich, i settige Fäll weni. Em Bruno sis Heimweh nachem Land, wo «Bayern» gnennt wird, isch mit de Jahre u i ihm schliesslech so gross u schmärzhaft worde, dass ihm gar nüt anders isch übrig blibe, als sich ufe Wäg z mache. Sine beide Brüedere isches ähnlich gange, doch hei si dr Wäg über d Schwiz gwählt. Dr Lumpaz isch mit Abstand der vorsichtigscht vo däne drüe gsi. Dr Beppo isch glich wie der Bruno, e Drufgänger gsi, wahrschinlich no es chlis bizeli furchtloser. Dr Bruno het sech auso alei ufe Wäg gmacht, was für Bäre sowiso typisch isch. Jede vo de drü Bärebrüedere isch, nach Bäreart, langsam u allei für sich losgange. Im Mai het em Bruno sini Wanderig, wo über Österich gange isch, agfange, u es het ned sehr lang duret, bis är tatsächlech Bayern erreicht het. Dr Bruno isch starch u usduurend gsi. Es ischem ned schwär gfalle, witi Streckene zrüg zlege. Ungerwägs heter Schaf u angeri Tier gfrässe.

Bäre si Roubtier. Si chöi, im Gägesatz zum Mönsch, ned angersch. Mönsche hei d Wahl, doch dr Bruno het se ned gha. D Schaf u d Hase heter ned zum Vergnüege gfrässe u ou ned, will är bös wäri gsi. Är het natürlech am Läbe wöue blibe und da derfür sie feschti Mahlzite e unverzichtbare Bestandteil gsi.

Wie vore unsichtbare Hand gfüehrt, heter sech Bayern,

dem Land vo sine Vorfahre, immer meh gnächeret. Inzwüsche heter d Landesgränze überschritte u isch dört gsi. Mittlerwile si ihm d Mönsche uf der Spur gsi. Sie hei Angscht gha.

Ou das isch irgendwie verständlech gsi. Sie hei sit 150 Jahr ke einzige Bär meh gseh u sie hei jetz ou nümme gwüsst, wie sie sech söue verhalte. Sie wette gärn, dass aues so wär, wie vorem Bruno sim Uftouche.

E sympatische Politiker allerdings, wo der Bruno offebar guet ma, het gseit, dass der Bruno in Bayern willkomme sig.

Dr Bruno säuber het vo däm natürlech nüt mitübercho. Är het weder gmerkt dass im Jäger uf der Spur si gsi, no dass es in ganz Europa bereits Märsch für ihn git, mit däne ufgforderet wird, ihn i Friede z lah. Zitige hei sogar in Amerika u Asie über ihn brichtet, doch ou das het der Bruno natürlech ned gwüsst. Ihm isch si enorm Fleischkonsum immer meh akridet worde.

Me het ne inzwüsche offiziell «Problembär » gnennt, u der sypatisch Politiker het sine Willkommensgruess offiziell zrügzoge.

D meischte Zitige heine Bruno gnennt, e chlini, lokali Zitig allerdings het ihm dr Name Beppo verpasst. Derbi isch doch das dr Name vo sim Brüetsch. Aber dr Bruno hei settigi Sache ohnehin ned gstört. So öppis wie mönschlichi Näme hets i der Bärewält ned gäh. Bäre hei so öppis ned nötig gha. Trotzdäm het dr Bruno i de Zitige jetz zwe Näme gha, «Bruno» u «Beppo», wobi der wahr Beppo nur JJ3 isch gnennt worde. Da söu eine mau die Mönsche verstah. Dr Bruno, u ned nur är, isch inzwüsche zumene Problem worde u meh het versuecht, ihn izfange.

D Mönsche hei sech lut gstritte, während der Bruno doch eifach dört isch gsi, wo är doch scho immer het wöue si – in Bayern. Sisch für ihn ned immer eifach gsi, gnue Nahrig zfinde, so dass är witerhin täglech grossi Streckene het zrüggleit.

Öfters heter darum schnäu uf die östrichischi Site gwächslet, wos dr feinscht Honig wit u breit het gäh, doch är isch immer wieder nach Bayern gange, dem Land vo sine alte Vorfahre.

Dr Bruno isch erfinderisch gsi.

Är het i de Abfallcontainer gwüehlt, het Bienestöck ufbroche u het i halsbrächerische Aktione diversi Haseställ plünderet. D Mönsche si ihm jetz hartnäckig wie no nie uf der Spur gsi. Es het aber ou immer no viu gäh, wo sech für ihn igsetzt hei. Wesentlech meh Mönsche si a ihm u sim Schicksal interessiert gsi, aus am Beppo. Schliesslech hei si dä ja ou ned Beppo sondern JJ3 gnennt. U d Mönsche hei sech, das chame überau nacheläse, no nie für öpper igsetzt, wo JJ3 heisst.

Sie bruche eifach e mönschliche Name, süsch verliere si s Interässe.

Dr Bruno het vo au däm no immer nüt gwüsst. Är het ou nüt vom Verblieb vo sine Brüetsche em Beppo u em Lumpaz gwüsst.

Für so öppis isch chum Zit blibe im tägliche Kampf

ums Überläbe u gäge de Hunger.

Är isch ständig uf der Suechi gsi nacheme Schaf, emene Häsli oder zimngst nachemene Bienistock, wo ihn hätti chönne mit Honig versorge.

Ir freie Zit heter d Sunne gnosse wo uf si Pelz brönnt het u der Wind, wo sini Nase het kutzelet. Doch i de Nächt heter vo ihne u ihrer gmeinsame Chindheit, vo gmeinsame Bäder im Fluss u vo Entdeckigsreise dür d Wälder tröimt.

D Mönsche wo jetz täglech i der Zitig über ihn hei gläse, hei agfange ou privat nach ihm z sueche, ganz unabhängig vo de professionelle Jäger. Sie hei sech mit däm wöue e «Name» mache, wie me so seid. Eines Tages ischer sogar vore Gruppe Mönsche verfolgt worde, wo uf Velos düre Wald si gfahre.

Dr Bruno het sech empört ufgstellt u ihne heftig droht, so wies sech äbe für en Bär ghört. Angschtvoll heisi de vo ihm abglah.

Är isch aber sälber zuehnämend nervöser u gstresster worde. Gspürter ächt jetz, dass me hinger ihm Herr isch? Heter ächt sogar gahnt, dass me ou siner Brüetsche verfolgt? Es isch ändi Juni gsi, als ihn s gliche Schicksal breicht het, wo ou sine Brüetsche bevorsteit. Lang isch das vo sine Beschützer usezögeret worde. Öpper wo Bruno heisst, chame doch ned eifach töte.

Doch ou wenn ihm dä Protescht Zit verschafft het, Zit,

in der sis wilde Bäreläbe witergah darf. Am ändi vom sächste Monet isch die abglüffe. E heftige Schmärz, es Flimmere vor sine Ouge u är isch tot zämebroche. Erschosse.

Ou das heter natürlech ned chönne ahne, ebeso weni wie das wo gfolgt isch, wiu das chöi sech doch würklech nur Mönche usdänke.

Är isch usgstopft u im Museum usgstellt worde. Ganzi Schueklasse hei ihn u sini Hülle agstarrt, bis s Interässe langsam abgno het.

Dr Beppo, alias JJ3 wo ou dür e Chugle gfalle isch, isch diräkt fachgrächt entsorgt worde. Dä Ufwand mitem Museum hetme bi ihm übersprunge. Niemer wett Gäud zahle, zum öpper zgseh, wo ke Name het.

Das giut läbig oder usgstopft. Sogar mit Name laht s Interässe vo de Mönsche nache. Ohni Name entsteits gar ned erscht.

Em Lumpaz isch allerdings s beschte Bäreschicksal zuegfalle, me het sini Spur verlore. U no hüt streift er frei dür d Bärge u d Wälder.

Wiu är vo Afang a en vorsichtige Charakter gha het, isch är zerst i der Schwiz blibe, wo me sech sofort besser het chönne verstecke u tarne. Mängsich heter ou no vo sire Chindheit tröimt, u i däne Tröim si ou der Bruno u der Beppo vorcho.

Bäre chöi sehr läbhaft tröime.

Wie sie sech inenang verkeilt bauget hei oder bi ihrer Mueter si gläge, wie sie si vo Abhäng abekuglet, Ameiseeier oder Honig hei gsammlet.
Settigi schöni Tröim!

Natürlech ohni Näme. Bäre bruche ja kener Näme sowie d Mönsche das mache. Aber das wüsster ja scho. Wenn er net gschlafe het, heter d Sunne gnosse, wo uf si dicht, brun Pelz gschine het u dr Wind, wo um sini Bäreschnouze wäiht, dases e wahri Freud isch gsi.

Früecher, woner no mit sine Brüetsche gspielt het, da isch aues so neu gsi, so offe – so z säge ganz ohni Name – u grad darum mit nütem z vergliche.

Das isch wohl eine vo de gröschte Ungerschiede zwüscheneme Bär u emene Mönsch. Ohni Name, das chame überau nacheläse, isch me für en Mönsch nämlech nüt wärt. Das söttime berücksichtige – i aune Fäu.

Dä wosi «Lumpaz» gnennt hei, isch das frielich egal gsi. D Sunne het ihm so wunderbar ufe zottlig Pelz brönnt.

Är isch mittlerwile, vo aune unbemerkt, nach Bayern glangt, is Land vo sine Vorfahre. Es isch ihm bländend gange, em alte Pazi.

Da är sech üsserscht gschickt benoh het, het das ussert ihm niemer gmerkt.
U das isch, soviel steit fescht, ou guet so gsi.

24

Prokyon, de Schmätterling

Das isch d Gschicht vo de siebe ungliche Fründe. Zerst isch da mau Pittchen, de still Waller, wo Gedanke vo aune angere het chönne läse.

Das isch e Fähigkeit gsi, wo i beidne Richtige het chönne igsetzt wärde: Zum Guete, aber ou zum Böse. Vilech isch de Pittchen darum immer so nachdänklich u stiu gsi, denn immerhin treit eine, wo Gedanke vo angerne cha läse, e usserordentlichi Verantwortig, - säubst denn, wener im Wasser läbt, wo aues e chli weniger viu wiegt aus ufem Land.

Si einzig Fründ, faus bim Pittchen überhaupt d Red vo so öppisem cha si, isch «TheFish», e rächt ängschtliche Hächt, wo immer mitem Strom isch gschwumme, u däms glingt, aues i Goud z verwandle, waser mit sire Schwanzflosse berüehrt.

Doch das het immer nur churz aghalte, so wie alle Richtum vo de Mönsche vergänglech isch.
Chum ischer witergschwumme, isch de usem Gold ou wieder das worde, wases vorhär isch gsi: Seetang,

Alge, Luftblase oder chlini Steinli.

U so isch allei der Versuech zu Ruhm z cho, für «TheFish» es sinnloses Unterfange gsi, was im Grund ned witer is Gwicht gfalle wäri, wenn ned dr Joe, dr Füürsalamander, es sehr würd gniesse, uf die jämmerlichi Vergänglichkeit vo der wundersame Verwandlig vom Fisch hizwiese.

Nur Pittchen het ihn i settige Ougeblicke chönne tröschte, denn är isches gsi, wo die wahre und ehnder unrüehmliche Gedanke vom Füürsalamander kennt het, u wo für sin Fründ die Usanhm gmacht het, ihm se z verrate.

Pittchen het mit däm bewirkt, dass der Fisch vo denn a ruhig und vom Joe gänzlech unbeeidruckt blibe isch, während sini Schwanzflosse nach wie vor alles zu strahlendem Gold verwandlet het, was er berüehrt het.

Jetzt, wo Pittchen gwüsst het, warum der Füür-salamander so isch gsi wiener isch gsi, hetter nüt anders aus Mitleid für ihn chönne empfinde. Wenigschtens het ihm das si Seelefriede zrügg gä.

U d Freud am vergänliche Glitzere, wo trotzdäm so schön u prickelnd gsi isch.
Dä total grossmulig Füürsalamander Joe, wos über aues gliebt het, überau dr Ton azgäh, isch der eidütig verschlagnesti u der gröscht Drufgänger vor gsamte Gruppe, ou wenn me ihm das ned grad würdi agseh.

Joe het vo der Unsicherheit vo de andere gläbt. Mit sim beidruckende Üssere u sire listige Art, isches ihm ned schwär gfalle, anderi vo sire generelle Überlägeheit z überzüge. Är schint sech vor gar nütem z fürchte und uf niemer heter glost. Sisch ned liecht gsi, mit ihm uszcho. De Waller Pittchen elei, u jetz äbe ou »TheFish» hei gwüsst, dses mit der vermeintliche Überlägeheit ned wit Herr isch gsi.

Denn wär würklech starch isch, dä hets eigetlech nid nötig, über angeri Witze z mache.

Doch de andere isches ned so guet glunge, dr Salamander z durchschaue. Vor auem Rooney, en Chräbs, wo ständig schint Ärger z verursache, he sech vom Joe liecht la beidrucke. Jedes Mal, wenn Sie Wäg dr Wäg vom Füürsalamander Joe krüzt het, ischer nämlech komplett uf Krawall bürschtet.

Nume Paula, die usgsprochnig sensibli Gälbunke,

28

isches i settige Ougeblicke glägentlech glunge, Rooney z beruhige.

Meistens schaffts Paula, die richtige Wort z finde. Me het sech allerdings ned chönne druf verla, so dass Sie sech ab u zue usem Stoub gmacht het, wes ihre z bunt isch worde u we sech ihri Närve hei bemerkbar gmacht.

Sie isch tatsächlich sehr sanft und sensibel gsi, me het ihre äbe ned mit allem dörfe cho.

Derfür hetsi aber ou jedi Schwingig erfasst u het sogar s Seegras ghört wachse.

Sie het ja gfunde, dass Rooney am Meer am beschte ufghobe wäri, will är dört siner Chräft ou besser cha nütze aus hie am Fluss.

Irgendwie heter sech hie nie so richtig wohl gfühlt i sire panzerige Huut.

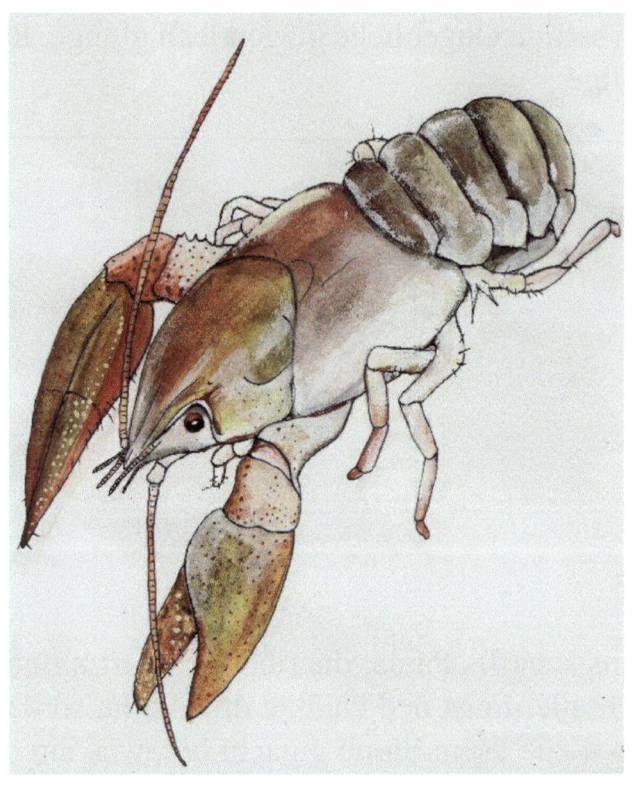

Rooney isch e Starche. Mit sire Zange heter eidütig öppis chönne bewürke, wenn Gfahr droht het. Nur ischer leider mängsich chum no under Kontrolle z bringe. Es het nur Paula, d Gälbbuchunke gäh, wo das glägentlech het chönne ändere. Paula het sehr viel Zit mit Pittchen verbracht. Ab u zue het si ihm ihres Härz usgschüttet, denn är schint se eifach so guet z verstah, wie ke andere. Das hei Gedankeläser so a sech, doch vo däm het si nüt gwüsst. Vermuetlech hätte sies ned mau wöue wüsse, we si hätte chönne, wiu Paula isch dervo usgange, dass me glücklecher isch, wem e ned alles weiss. U ned nur das. Sie isch sogar fescht dervo überzügt gsi, dass me umso glücklicher isch, je weniger me weiss. Rooney, dr Chräbs, isch sech nid sicher gsi: Vilech ischsi e bsunders intelligänti Chrott gsi, müglecherwies aber ou ned.

Doch uf das isches Paula ned acho – im Gägesatz zum Oskar.

Dr Oskar het nämlech bsunders grosse Wärt gleit, uf die famosi und durchus sälteni Tatsach, dass är e ganz usgsprochne intelligänte, sehr bildete Aal isch.

Vo ihm isch d Idee mit der Königsgrotte cho, wenn ou die hingerlistigi Überlegig vo ihm zerst ehnder theoretischer Natur isch gsi.

Da der Oskar nämlech aues überus gründlech dürdacht het, het ihm oft der entscheidend Impuls gfählt, wo vo Gedanke zur Tat hät chönne härefüehre.

Pittchen het das gwüsst. Ou isch ihm klar gsi, dass «TheFish», wo mit Abstand der ängstlichscht unger ihne isch gsi, äbefaus ned der Muet hätti, zu dere Grotte z schwümme.

Das Vorha wäri so auso scho vo Afang a gschitteret-wäre da ned Paula u der Joe, der Salamander gsi. Rooney isch nämlech abglänkt gsi u ou die andere si ned so bsunders dervo atah gsi, sich für en Schmätterling, u de no für eine wo nur dr Oskar kennt het, izsetze. Rooney het dr Stärnehimmel gärn gha wie ke andere, was für en Chräbs ehnder untypisch isch gsi. I dere Nacht auso, es isch Vollmond gsi, hei sech d

Stärne u der Mond so dütlech a der Wasseroberflächi gspieglet, dases em Rooney so vor cho isch, aus wäre der Mond u d Stärne is Meer gheit.

Schnäu ischer zur Oberflächi gschwumme, um eine vo de Stärne, vilech sogar dr ganz Mond izfange. Är het sech usgmalt, zu was fürere Berüehmtheit ihn das würdi mache. Paula het ihn mit all ihrer Über-redigskunst überzügt und ihm erklärt, dass s rette vomene Schmätterling ihn meh Berüehmtheit und Ehre bringti, als der Versuech, dr Mond u d Stärne izfange. Joe wiederum, wo mit sire typische, begeisterte Grossmuligkeit ou alli andere mit sech grisse het und

Paula, wo d Stärchi gha het jedem Muet u Hoffnig chönne zuezspräche, so wies Gälbbuechunke äbe eifach gärn mache, het schliesslech bewürkt, dass sech alli gmeinsam ufe Wäg hei gmacht. Dr Oskar, wo trotz sim grosse Verstand, ned ganz unempfänglech für d Macht vo mitriessende Emotione isch gsi, het sech nach der glüehnde Red vom Joe und dr Paula entschlosse, d Expedition zur Grotte jetz tatsächlech als Leiter s Ganze dürezfüehre. Er het jetz sofort u uf dr Steu mit de angere wöue dört häre reise, zum dä wärtvoll, grüen Saragd so schnäu wie möglech z erbüte. D Zit het drängt, wiu dr chrank Prokyon, dä bsundrig Schmätterling mit de bunteschte Farbe, wo em Oskar si allerbescht Fründ isch gsi, isch vo Stund zu Stund schwächer worde.

I der Königsgrotte si vielerlei Schätz gsi, doch der grüen Smaragd isch dr gröschti Schatz vo aune gsi. Är isch nämlech ir Lag gsi, sämtlichi Chrankheite z heile. Me hetne nur für es Zitli müesse alänge, das isch aues. Die gierige Wäse, wo ir Königsgrotte hei gläbt, hei vo däm allerdings nüt gwüsst. Für sie isches e Stei wie aui angere ou gsi. Nume rein materielle Wärt isch für sie bedütigsvoll gsi.

Dr Oskar aber, wo sim guete Fründ, em gschwächte, wunderschöne Schmätterling Prokyon unbedingt het wöue häufe, het für das genau dä Stei brucht. Si Ur-Urgrossvater, ottokar dr Siebezähti, het das gheime Wüsse witergäh, u niemer us dr Familie vo de Aale hets je chönne vergässe.

Natürlech erschints ufe erscht Blick sehr un-
gwöhnlech, dass e Aal usgrächnet emene chranke
Schmätterling het wöue häufe, denn normalerwies heisi
ned grad viu zäme z tüe. Aber bim Oskar u em Prokyon
isch das äbe so gsi.

S het sech eifach so ergäh u niemer het meh chönne
säge wenn.

Prokyon, wo sech amene Drahtzuun verletzt u bim
Fluss usgrueht het, ir Hoffnig, dass es ihre bald wieder
besser geit, isch eifach ned wieder gsund worde.

Dört hei sech die zwöi kenne glehrt. So verschiede sie
ou si gsi, sie hei sech sofort guet möge.

Es isch Fründschaft ufe erscht Blick gsi.

D Farb vo sine rote Flügu hei sech damals so wunderbar im Wasser gspieglet, dass dr Oskar für en Momänt gloubt het, niemals öppis schöners gseh zha. So öppis darf ned stärbe. Prokyon darf ned stärbe.

U so het dr Oskar dr Plan mit der Königsgrotte witerentwicklet u düredänkt. Sisch aues guet Planet gsi und ke Zuefall, daser grad die het usgwählt, woner de zum Mitreise het wöue überrede.

D Königsgrotte, wo ja sit Jahre vo däne gierige Wäse isch bewacht worde, isch ned liecht z beträte gsi u scho gar ned z verlah. Ganz im Gägeteil. Ke Name hets für die gierige Wäse gäh, wiu se bishär niemer im Tagesliecht het gseh. Doch ihri Gier isch allgemein bekannt gsi. Darum het dr Aal uf «TheFish» gsetzt, dä wo mit sire Schwanzflosse aues het chönne i Gold verwandle. Zwar het das nur churz duuret, aber die Zit, da isch sech der Oskar (nachere ufschlussriche Unterredig mitem Pittchen) sicher gsi, längt sicher, um die gierige Wäse vom versteckt glägne Igang vor Königsgrotte abzlänke, so dass sie aui ganz unghindert u diräkt chöi ineschwümme. Sie isch nämlech, das isch ihre Vorteil gsi, zur Hälfti im Wasser gläge.

Wie's dr Oskar mit dr Hiuf vom Pittchen vorusgseit het, hets sich erfüllt. Die gierige Wäse, wo dür das glitzrige, fausche Gold si aglockt worde, hei sech nüm ufe Igang gachtet, so dases dene ungliche Fründ glunge isch, zäme id Grotte z cho. Pittchen, mit der Sicherheit vomene Hellseher, isch diräkt ufe Smaragd zuegstüret. Allerdings isch dä guet befeschtigt gsi, so, dasses scho mindestens öpper wie dr Rooney brucht, zum dä Stei mit Chraft u Gschick us der verankerig z löse.

Sogar das isch nur glunge, will dr Oskar e kluge Trick brucht het, eine, wo em Prinzip vom Fläschezug ned unähnlich isch gsi, so, dass Kraft vom Rooney sogar chli stärcher het könne wärde.
Doch ned mau das, für sich elei gno, hätte glängt, wenn ned erneut d Paula u dr Joe jewils die richtige, ermuetigende und afürende Wort hätte gfunde.

Elei wär das keim jemals glunge. Jede einzeln für sich und äbe ou aui zäme, si für s Glinge vo ihrem Vorhabe wichtig gsi.

Mit au ihrne Stärche u Schwäche. I däm Momänt, wo das ihne uf eis Mau isch klar worde, het sech dr Stei us der schwäre Verankerig glöst. Wie ufemene goldige Teppich, eine, wo aues chli häuer macht, sisi nächer aui zäme triumphierend mit däm heilende Smaragd nach em «TheFish» hingerhär, us der Grotte use. Im Liecht vor Sunne het aues, wo Kontakt mit der magische Schwanzflosse vom «FISH» het, glitzeret, no viu häuer, so dases ihnen nomau glunge isch, die gierige Wäse z tüüsche. No nie si si sech so einig gsi wie a däm Tag. D Chraft vo ihrer Fründschaft u d Einheit würke über dr Smargd hinwäg uf Prokyon i. Zum s churz mache: D Gschicht het mitere erfreuliche Nachricht für Prokyon, em Schmätterling, g ändet. Är isch grad atemberaubend schnäu vo sire schwäre Chrankheit gheilt worde.

Näbebi hei ou no es haubs Dutzend gfangener Meer-
jungfroue chönne befreit wärde. Vilech sis ou Roche
gsi. So genau hetme das ned chönne säge.
Fründlichkeit isch beidne ned frömd.
Doch befreit si die Fründe auimau worde. Mit däm u i
dere Form het zwar ursprünglich niemer dermit
grächnet, u doch isches ihne passiert. Mängsich zieh
gueti Sache äbe ou no angeri gueti Sache mit sech
nache.
U das isch es Glück. Angers chames ned usdrücke. Das
het Prokyon ou gfunde.

No langi Zit ischer ir Lag gsi, sis Schmätterlingdasi z
gniesse, sich uf sine Lieblingsblüete niederzlah, über d
Wiese z flattere u z schwäbe, si Nektar z schlürfe und
– ab u zue – dr Oskar z bsueche. Glägentlech heter
derbi ou die andere Fründe z gseh übercho – bis uf dr

Rooney. Dä läbt mittlerwile im Meer. Dört söuer, das ischmer userer rächt zueverlässige Quelle gseit worde, immer no dermit beschäftigt si, i de Vollmondnächt dr Mond wöue izfange. Es isch ehnder unwahrschinlich, dass ihm das jemals wird glinge. Doch vilech chunts im Läbe ou ned unbedingt uf das a. Viel wichtiger isch gsi, u das het ou d Mia gfunde, dass Rooney im Liecht vom Mond het chönne bade. Öppis schöners chame sech ja ohnehin ned vorstelle. Paula, d Gälbbuchunke jedefaus, isch über die gueti Entwicklig vom Rooney sim Läbe meh aus zfride gsi. Vo Afang ha het si gwüsst, dass es em Rooney am Meer am beste wird gfaue. Pittchen hetere rächt gäh.

Är hets, wies äbe de Gedänkläser ihres Eige isch, no vor der Paula gwüsst.

Igor u d Natascha

I gloube, dases z Russland niemals es glücklichers Hasepäärli het gäh, aus dr Igor u d Natascha. D Näme hei sie sich ned säuber gä, viumeh stamme si vo dr Sonja, emene chline Meitli, ihm sini Etere hei e grossi Hasezucht gha. D Hase dört hei sech so schnäu vermehrt, dass d Eltere vor Sonja chum hei nachemöge mit verchoufe u sogar e witere Hasestall hei müesse aboue, wo so gross wie e Schüür isch gsi u i däm mehreri hundert Tier gläbt hei, jungi u auti. Nur dr Igor u d Natascha schine offebar ned zur Ufzucht geignet z si. So sehr me sech ou Müeh gäh het: Weder dr Igor no d Natascha Sie jemals Eltere worde. Er Sonja ihri Eltere hei eines Tages beschlosse:
Mir müessese ischläfere, das Sie ja nur unnützi Frässer. D Sonja, wo das glücklicher wies ghört het, und dere Geburtstag vor der Türe gstande isch, het gseit: » Ig

wünsche mir zum Geburtstag nüt usser s Läbe vom Igor u dr Natascha. Bitte schänkse mir, ig möcht ihne d Freiheit gä. «Sonjas Papi, dr Viktor, isch vo däm Wunsch überrascht gsi, het aber sire chline, meistens fescht entschlossene Tochter ohnehin nüt chönne abschlah, so dass si d Hase übercho het u ihne, wie sies akündet het, d Freiheit het gschänkt.

Dr Igor u d Natascha hei sich uf Ahieb verstande u sech blind vertrout. Viele neue Gfahre sie si jetz usgsetzt, jetzt, wo dr schützend Stall nümme da isch gsi wo sie vor so mängem Frässfind het beschützt.
Dennoch het kene vo beide jemals wieder derthäre zrügwöue. Sie sie dür d Wälder gsoust, hei sech bi Chälti, vorallem i de lange Nächt, äng anenand kuschelet, hei sech immer gägesititg vor Adler und ähnliche Roubtier gwarnt, wos uf sie hei abgseh gha u sie si ou süsch es troumhafts Team gsi.
Sie knabbere die saftigschte Chrüter u Gräser, wo me sech überhoupt nur cha vorstelle, hopple verliebt u genauso abentürluschtig dür Fälder u Steppe immer in Richtig vom Baikalsee, wo sie zwar ned kennt hei, uf dä sie trotzdäm unweigerlech u unufhaltsam zuegstürt si. Settigi atemberoubendi Schönheit hätte si nie vermuetet, wo sie de schlussändlech dert si acho.
Aber Schönheit und Glück chöme, wie so oft, ganz überraschend. Genauso wie d Freiheit.
Dr Igor u d Natascha, s überglücklichste vo aune Hasepäärli in ganz Russland, hei beides ganz usserordentlich gnosse.

S unheimlich schlächt gluunte Rotchäppli

D Lilly Ljubljana, s unheimlich schlächt gluunte Rotchäppli läbt in Russland. E grosse Wald umringt d Siedlig, wo sie mit ihrer Mueter Larissa läbt. D Lilly gseht härzig us, zmingst wes nach ihrem Mami geit. Us däm Grund ischsi ou nie müed worde, er Lilly Chäppli und Umhäng, Händsche u nd Söckli z lisme u z häggle, bis in ihrem Schaft chum no es einzigs freis Plätzli isch z finde gsi. Wiu d Lieblingsfarb vo ihrem Mami rot isch gsi si ou die meischte vo ihrne Chleidigsstück rot gsi – wäre da ned em Lilly sis Grosi gsi, wo der Chline ab u zue es Chleid oder Hose i ihrer Lieblingsfarb gschänkt het, nämlech wolfsgrau.

So hets wenigstens ou es paar Chleider gä, wo er Lilly säuber ou gfalle hei.

Ke Farb het er Lilly nämlech besser gfalle, vorauem denn ned, we dr Stoff o no mit winzigchline wisse Pünktli bedruckt gsi isch. D Lilly isch uf ke Wäg so härzig gsi, wie ihres Mami dänkt het. Sie het chönne stritte u speue wie e Burscht, u bismer het gwüsst, wohär si die ganze Schimpfwörter het, wo sie jedem wore grad dumm cho isch, beworfe het.

Ufe Chopf gheit isch d Lilly uf jede Fall ned, soviu steit scho mau fescht.

Was ihre so richtig d Luune verdorbe het, sie au die rote Chäppli u Söckli u d Tatsach,,,,,,,,,,,, dass sie mit blonde Zöpfli het müesse umeloufe, wiu ihre Mami das härzig gfunde het. Glichzitig het d Lilly ihres Mami ned wöue chränke, wiu sie es ja doch ir Ornig gfindet, mau abgseh dervo vo däm Fimmel mitem Usgseh.

Auso het si nüt gseit, het die rote Chleider agleit, het sech d Haar la strähle u zöpfle u isch derbi immer schlächter gluunet gsi. S Einzige was i settige Fäll ghulfe het, isch e Spaziergang zu ihrem Grosi gsi, wo es paar Kilometer witer wäg gwohnt het.

Düre Wald hets ihre am beste gfalle, d Bäum dert heise chli beruhiget. S grüen vo ihrne Blätter u Nadle isch e guete Usglich zu ihrem ewige rot gsi, wo ihre inzwüsche so richtig uf d Närve gange isch. Ja, e Bsuech bim Grosi isch i settige Fäll eifach s Beschte. Meischtens het sie em Grosi no öppis z Ässe mitbracht. Sisch ned so gsi, das ihres Grosi arm wäri gsi, aber sie het nie gnue Chueche dert ka, we mau Bsuech cho isch. U das usem Grund, wiu si der Chueche immer ganz allei verdrückt het, wills nüt gäh het, wo ihre nur anächernd so gmundet het wie Chueche. Auso isch d Lilly ou hüt losgange, zum ihres Grosi z bsueche.

Ihres Mami hetere mau wieder Chueche u zuedäm saftigi Fleischbäueli u Würscht ipackt. Sie het wie meistens die praktischi Abchürzig düre Waud gno, obschon das ganz bsunders ihre Mami gar ned rächt isch gsi. «Du weisch Lilly Ljubljana,» het si sträng gseit, «dases im Wald Wölf git!» d Lilly het da aber nur müed chönne lächle. Bi ihrer schlächte Luune söuere nur mau e Wolf cho. Dä müesst sech de warm alege, verdammt warm! Wenn er ned ufpassti, würd si ihn i der Luft umewirble!

No während si das dänkt het, isch ihre vo ihre Mami mau wieder es rots Chäppli ageit, e rote Umhang feschtzurret und es rots Tuech über de Picknickchorb gleit worde. «Du gsehsch härzig us, ganz härzig», het s Mami gjublet u vor Begeischterig id Händ klatscht. Wölf u ähnilichi Gfahre hetsi wieder vergässe, was typisch isch für ihre Mami. Chum hetsi es rots Chäppli gseh, siches um sie gscheh gsi.

D Lilly verdräit d Ouge, het hinter sich d Türe zuezoge u het sech, unheimlich schlächt gluunt, ufe Weg zu ihrem Grosi gmacht. «Du gsehsch härzig us» hallts in ihrem Chopf no nache. D Lilly schuttet hässig e Ascht uf d Site, so dasss es Eichhörnli ganz erschrocke vor ihre gflüchtet isch. «Du fisi Nuss», het d Lilly hingernache gschumpfe. Sie isch grad derbi gsi, sich so richtig i ihri Wuet inezsteigere, wosine het gseh – de Wolf – no ned mau füüf meter vo ihre entfärnt. «Du chunschmer grad rächt», hetsi ihn azischt, wiu ihri Wuet stüüret inzwüsche uf sone Höhepunkt hi, dass Sie sich u ihri Chräft bi witem überschätzt.

Wo sie de ou no gmerkt het, dass der Wolf ned im Rudel, sondern ganz allei isch, het si ihre Liechtsinn no verstärkt und het agfange, ihm z drohe, und ihn mit wüeschte Schimpfwörter z überhüüfe.

De Wolf isch, vo däm unbeidruckt, interessiert und vorsichtig um sie ume gschliche, ischere ned z nach cho und het se es Zitli beobachtet, bevor är sich denn, er Lilly ihrem Gschimpf z trotz, em Picknickchorb nachet. « Dr Chueche, d Würschtli u d Bäueli», het d Lilly alarmiert dänkt.

Jetz hetsi gmerkt, dass es de Muet doch chli verlaat, ou

44

d Wuet isch i sich zämegheit, wo der Wolf sich miteme begnadete Appetit ad Fleischbäueli, d Würscht u sogar a Chueche gmacht het. Sie het zwar churz überleit was ächt s Grosi zu däm lääre Chorb wird säge, het denn aber dänkt, dass dr Wolf vermuetlech e grössere Appetit het. Är würkt chli mager. Zuedäm gfallt ihre d Farb vo sim Fäli, nämlech reins wolfsgrau, ganz usserordentlech guet, was sie muess zuegäh. Auso beobachtet sie de Wolf mit sim riesige Appetit, biser kes Brösmeli het übrig glah u ziemlech zfride gwürkt het. « Bisch jetz fertig? », het si gfragt, jetz scho chli fründlicher gstimmt. Natürlech isch vomene Wolf ke Antwort z erwarte gsi, so dass sie de läär Chorb gno het und schnäu is Huus vom Grosi grennt isch. Sie het scho uf d Lilly gwartet. « Lilly säg mau, hesch du Chueche derbi? Ig ha riesig Hunger» d Lilly verdräit wieder d Ouge. Ihres Grosi het ja würklech nur s eine im Sinn. « Nei, leider ned», hetsi gantwortet. Dr Chorb ischmer umkippet, alles isch am Bode verstreut gläge», hetsi bhouptet. Schnäller als mer het chönne luege isch alles voll gsi mit Ameise u Chäfere, de hani eine lieber la lige. S Grosi nimmt ungläubig der Chorb. «Dä isch ja würklech läär», hetsi gjammeret.

Und denn, d Lilly isch ned vorsichtig gnueg gsi u het ned nomau i Chorb gluegt, het s Grosi e Büschel Wolfshaar zwüsche de Lücke vom gflochtne Chorb fürezoge. «du bisch i Gfahr gsi! » hetsi jetz no lüter gjammeret, «u ig ha nur a mi blöd Chueche dänkt! Du arms Chind, komm zu mir! » Und si drückt d Lilly

Ljubliana so fescht a ihres grosse Büppi, dass d Lilly chum no Luft übercho het. «ig wott gar ke Chueche», jetz fahtsi no a d Lilly ufe Chopf z küsse. «Ou das no»! d Lilly macht sech ganz stiif.» Ig bi sowiso viu z fett, ig wott nur mini süess, chlii Lilly!» « We sie so witermacht», het d Lilly dänkt, «wird sie mich am Ändi genauso verschlinge, wie dr Wolf s Rotchäppli im Märli!» Doch sowit siches zum Glück ned cho.

Nach es paar Minute het s Grosi sech wieder im Griff. «Ig wierde jetz mau es ärnschts Wörtli mit dim Mami rede, Chind! » «Wieso de das?» het d Lilly wöue wüsse. «Also los mau, Lilly! » S Grosi isch immer no zimlech usem Hüsli gsi. «Immer mit dene rote Chleider! Da gseht dich ja e Blinde 100 Meter gäg de Wind. Mini arm, arm Lilly! » s Grosi jammeret immer witer.

«Mit settige Chleider bisch du niemals guet tarnet. Isch doch klar, dass du viu meh Sache i wolfsgrau bruchsch! » «Meinsch würklech? » er Lilly het dä Gedanke gfaue. «Vilech sogar no mit chline wisse Tüpfli druf? »

«Unbedingt mit wisse Tüpfli! Entscheidet s Grosi miteme Gsicht, wo absolut ke Widerspruch duldet het. «Auso de red mal mit ihre, Grosi», het d Lilly gmeint. «Schade chas uf ke Fall! » «Würdi ou säge», brummlet s Grosi zrügg, «immer das rote Zügs! Kes Wunder zieht doch nur d Wölf a!

Mis arme Chind. » De schlaarpetsi id Chuchi, um ihrem Gascht wenigstens öppis z Ässe azbiete. «Ha leider nur

46

no öppe füf schrumpligi Rüebli u e Tube Sänf da. Ig hoffe, dass macht dir nüt us? » «natürlech ned», het d Lilly tapfer bhouptet, u het als Bewies chraftvoll abbisse. Sie versuech aschliessend s Gsicht ned z fescht z verzieh. « Vilech nochli Sänf derzue?» d Lilly stöhnt, es fascht ned hörbars «nei» isch us ihrem Mul cho. Nächer heisech beidi vor lache usgschüttet. D Bsüech bim Grosi si aber ou würklech die Beschte gsi.

D Rosamunde, s Junisäuli

D Rosamunde isch es Junisäuli. Äs isch ir Nacht ufe 1. Juni gebore, genaugno am Morge am Füfi. d Rosamunde isch speziell schön, so dass der Buur beschlosse het, dass us ihm a Wiehnachte ke Brate söu wärde. Viumeh wotter mit ihm uf Usstellige chli ga aagääh, was me ja immerhin cha verstah, weme bedänkt, dass s Läbe vomene Buur immer vo schwärer Arbeit zeichnet isch. So e chlini Abwächslig ab u zue würdi ihm sicher guet tue. Niemer hät ihm das chönne übu näh. D Rosamunde het ganz längi Wimpere u dür das fasch e atemberoubende Ougeufschlag.

We sie de ou no ihres Chränzli us Junigras treit, de si sech aui Jurore einig, dass das Säuli nüt gringers aus der ersti Platz verdient het.

Me biudete se uf Plakat ab, Bilder vo ihre touche im Internet uf u verbeite sech ir ganze Wäut.
Der Jahresumsatz a Junichränz u Parfum wo wie Junigrad schmöckt, isch zu sonere erfolgriche Wachstumsbranche worde, das me durchus vomene Boom het chönne rede. Aui hei wöue so schön sie wie d Rosamunde.
Ou d Aktie vo Rouge u spezieller Wimperetuschi sie enorm gstige. Bsunders d Froue hei sim kokette Ougeufschlag das gwüsse Etwas verlihe und ihrem Teint in punkto rosigkeit e chlei nacheghulfe. Dr Buur het im Name vo ihre sogar e eigete Internetaccount ufgmacht. Ou dört hetsi mit ihrne unzählige Fans sämtlichi Rekorde broche.
Churz gseid, d Rosamunde isch zumene international gfiirete Star worde.
Zwar heisst sie inzwüsche nur no Rose, wius eifacher

isch, aber es handlet sech ganz unverkennbar um sie, um d Rosamunde, s Junisäuli.

Zu aune wichtige Pressetermine ischsi mitgno worde und vo zahlriche, meischt üsserscht ufgregte Fotografe professionell be- und abgliechtet. Sie het ou müesse Outogramm gäh, indäm ihri Säulichlaue ines rots Stämpuchüssi drückt worde isch, so dass sie chlini roti Stämpu uf de Outogrammcharte het chönne hingerlah, was bsunders vo de amerikanische und argentinische Fans gschätzt worde isch.

Rose isch nach Mailand, Buenos Aires, Brasilie, London, Paris, Rom, Tokio und Moskau, sowie nach Stockholm, Düsseldorf, Mainz, Kopenhagen und Amschterdam greist. Ou Madrid und St. Petersburg sie uf ihrer Reiseliste gstande.

Sälbschtverständlich reist d Rose immer ir erschte Klass, me het d Strapaze für sie möglichscht gring wöue halte. Immerhin het me z viel Umtrieb befürchtet und ständigi Ufregig chönti ihrer Schönheit schade. Me het ned bedänkt, dass settigi Bemüehige ned Länge, denn d Rose isch, wie jedes Läbewäse uf dere Wäut, em altere ungerworfe.

Säuli hei e durchus gringeri Läbenszit aus Mönsche, sogar denn, we sie bedurlicherwies ned scho früehzitig als Brate ände. So isch ou d Schönheit vo der mau so gfiirete Rose vergange. Bald, me het jetz mit ihrem Tod müesse rächne, het der Buur ihre e prachtvolle Chranz us Junigras la afertige, het sie nur no dr Wunsch gha, deheime z stärbe.

D Rose het zwar ned chönne rede, doch der Buur het si ou ohni Wort verstande. Us däm Grund hetmene agfange für chli lächerlech z halte, doch da är mittlerwile, dank der Rose e riiche Ma isch gsi, hetme ihm e gwüssi verdräitheit zue. U so hets ou niemer gwunderet, aus är nach ihrem Tod het la verlute, es sigi er Rose eidütige und allerdringlichschte Wunsch gsi a ihn, dass är d Säulizucht ufgit und is Sojagschäft istigt. Da dr Buur e Ma vo Tate isch gsi, het är sech a dä Wunsch ghalte und bout i churzer Zit es Soja Imperium uf . Sini Sojaprodukt hei d Mönsche sehr gärn, so dass immer weniger Säuli gschlachtet worde si. Bsunders d Sojareihe «Rose» e Mischig us verschiedene, mit Juni Chrütter und edle Gwürz abgschmöckte, pflanzliche Würschtli, si zum usgwählte Publikumsliebling worde. Wievili Läbe dür das insgsamt hei chönne grettet wärde isch ned bekannt. Aber jedes einzelne zählt, da bin ig mier sicher!

Fuul wie Bienli

Milda u dr Toni si grad legendär fuuli Bienli gsi. Usem Bienestock hetmese genau us däm Grund bereits usgschlosse. Jetz lungere si de lieb läng Tag uf Blüete ume u frässe sech derbi so voll, dass si ned mau meh richtig chöi flüüge. Doch das juckt se überhoupt ned. Solang sis wenigstens no bis zur nächschte, feine Blüete schaffe, isch für sie aues gritzt.

«Die Sträber» heisi über die angere Bieni gschumpfe. U ou süsch tönt das wosi über die angere Bieni säge, ned bsunders schmeichelhaft. De angerne Bieni isch das aber natürlech egau gsi. Sie si ihrer Arbeit nache gange u hei sech ned um die beide fuule Viefräss kümmeret. De Bienistock gedeiht u isch zure wahre Pracht worde.

Derzit sie d Milda u dr Toni immer füüler u füüler worde, immer dicker u dicker u schlächt gluunt grad derzue. Vermeutlech wär das immer so witergange, we ned e agriff vo Wäschpi ufe Bienistock droht hätti. D Milda u dr Toni si rein zuefällig Züge vo däm Plan worde. Mit letschter Chraft heisi ihri plumpe Körper zrügg zum Bienistock gschleppt, zum ihri ehemaligi Familie z warne. Me hetne gloubt, het aber ned gwüsst, wie me d Iigäng am beschte vor de Feinde setti schütze. Ir Nienisprach (was e Tanz isch) heisi d Milda u dr Toni zerscht höflech ufgforderet, doch inezcho, so dass me im Innere vom Stock witer cha drüber rede.

Unglücklicherwiis, oder vilech ehnder doch glücklicherwiis, si beidi mit ihrne mächtige Hingerteili im Igang stecke blibe, wie grossi, fetti Korke. Somit hei d

Wäschpi ke Zuegang meh zu däm mit Honig prallgfüllte Bienistock u hei ihre Agriff promt müesse abblase.

«Gseht ier» triumphiert d Milda, «Fuulheit cha ab u zue ou öppis für sich ha, da stuunet ihr»! Ou der Toni isch sehr stolz uf die entscheidendi, wichtigi Rolle, wo ihm i der bränzelige Situation isch zuegfalle worde u setzt es sälbschtgfälligs Gsicht uf. D angere Bieni ignoriere das dezänt u höflech.

D Milda u dr Toni si uf Diät gsetzt worde. Wie langs allerdings duuret het, bis dr Bienistock wieder e freie Igang het ka, chan ig nümme säge. Doch es paar Täg hets garantiert scho duuret.

Fennek

Fennek isch e chliine Wüeschtefuchs, wo, will är so härzig usgseh het, vore Familie isch igfange worde, die ihn als es Huustier hei wöue halte.

Sie hei ned gwüsst, was sie Fennek mit däm atüe. Är isches gwahnet gsi, düre Sang z toobe u z renne, dr gross Nachthimmel über sich z gseh u sech mit angerne Tier z mässe.

Jetz läbt är imene Zäut. Ching hei ihn ufem Arm umetreit, aus hät är keini Bei. Sie küsse u strichle ne bis ihm fasch gar d Luft wäg bliibt u füetere ihn mit Ässware, wo ihm gar ned guet tüe. Sie hei ned gwüsst,

dass är am liebschte öppis ganz angers hätti gfrässe.
Är isch zwar ned sehr wählerisch gsi, aber dr Chueche
wo si ihm täglech hei verfueteret, isch für ihn schädlech
gsi. Es isch ihne nur dadrum gange, ihn z bsitze, wiu är
usgseh het, grad wie es chliises Stofftierli. Fennek isch
immer truuriger worde.

Är bället i dene wenige unbeufsichtigte Momänte mit
sire häue, fiine u dünne Stimm i der inständige u
verzwiiflete Hoffnig, e angere Wüeschtefuchs wür ihn
ghöre u ihm häufe z flüchte.

Aber jedes Mal ergrieft ihn sofort es angers plumps
oder ou zarts Paar Mänschehänd, strichlene u drückene
d Ching vor Familie, wo är jetz läbt. Vom chläbrige
Chueche isch ihm öfters ganz eländ zmuet gsi.

Fasch hätte är sogar ufghört, nachemene angere
Wüeschtefuchs z sueche.
Aber d Sehnsucht nach der Witi isch ou ihm agebore
gsi, so dass är, dene Widrigkeite zum Trotz, niemals
würi ufgäh.

Das isch, wie me sech cha vorstelle, schlussändlech vo
Vorteil gsi für ihn.
Wie hätti süsch d Fenja, die zarti, aber doch eher zäji,
chlini Wüeschtefüchsin ihn chönne ghöre? Chlii ischsi
gsi, aber schlau wie ke Zwöiti. Sie isches gsi, wo
Fennek schliesslich wieder dert häre bracht het, wo är
häreghört.
I geduldiger Chliiarbeit hett sie s Zäut, i däm Fennek

gfange ghalte isch worde, ungerhöhlt. Sini Stimm hets ihre nämlech vo Afang a atah. Wüeschtefüchsinne wüsse ganz genau, was si wei. U si mache viu derfür, d Ziel, wo sie sich gsteckt hei, ou z erreiche. Es glingt ihre, sich fasch unsichtbar z mache – so vorsichtig het si am Fluchtgang grabe, wo grad gross gnueg isch gsi, dass Fennek mitsamt sine mächtige Ohre genau dürepasst.

Sie leit sech uf d Luur, lost exakt uf Bewegige u Grüsch vo de Mönsche u het ihm s entscheidende Signal gäh, a däm a är gmerkt het, dass d Luft rein isch und der perfekt Ziitpunkt für e ussichtsvolli Flucht cho isch.

Fennek het ke Sekunde zögeret. Gschickt manöveriert är sech düre Fluchtgang, use usem Zäut, wo zu sim Gfängnis isch worde.

Während däm schlafe d Mönsche no satt vom Nachtässe, vo Tee u Chueche, i ihrne gmüetliche Bett u merke nüt vo Fenneks heimlicher, stille Flucht.

Ganz ufmerksam het d Fenja das Triibe beobachtet, stupst de früsch Gflüchteti churz liebevoll mit der Schnouze a, nachdäm är se gwunderig usem Flucht-gang gstreckt het u isch de mit ihm lieslig i dere prachtvolle, klare Wüeschtenacht uf Nimmerwiederseh verschwunde.

Dr Fennek, wo scho fasch d Schönheit vo sire Wüeschti het vergässe, isch usem Stuune gar nüm use cho. Es isch fascht so gsi, wie wenn är es zwöits Mau gebore worde wäri. Är het i dere Nacht u de druffolgende Täg aues neu entdeckt. D Fenja isch sehr zfride gsi mit sich.

Aues isch genauso glüffe, wie sie sich das vorgsteut het. Das isch angersits ou kes Wunder gsi: Chliini Füchsinne wie d Fenja, si nämlech zu kem Zitpunkt u unger keine Umständ z ungerschätze.

Verda, s knallgrüene Marsmeitschi

Verda, s winzig chliine Marsmeitschi, isch zimlech ufgschlosse u sehr beliebt gsi. Obschon niemer uf ihrem Planet würklech a d Existänz vo usserirdischem Läbe gloubt het, isch d Verda e Usnahm gsi. Sie het sogar Plakat mit sech umetreit, uf denen sie druf higwise het, dass sie ad Existänz vo Mönsche gloubt. Das Marsmeitschi het nämlech öppis chönne, wo ned grad alltäglech isch gsi. Sie het chönne singe. Ehrlech gseit isches ke bsunders schöne Gsang gsi, ehnder isches miteme verzwiflete Gchrächz vomene starch erchältete Erdemönsch z vergliche gsi. Trotzdäm isch öppis Bsundrigs gsi i ihrem Gsang. A teil Täg nämlech, ganz ohni Vorwarnig, het öppis angers hinger däm Gröchel füreglüchtet.

Me hett Kunstwärk u Walgsäng is All gschickt, Musig vo Mozart, Beethoven und Rossini, de Gipsabdruck vomene bsunders schöne rundgformte Hingerteili het me praktischerwiis grad derzueta.

Aber nüt dervo het s Interässe vo de Marsbewohner, wo vo Natur us ned sehr emotional si gsi, chönne uf sech zieh. Nur d Verda isch begeischteret gsi vor Musig, obwohl sie se glichzitig het trurig gmacht, wiu si Gfühl i ihre het erweckt. Öppis, wo i ihrer Umgäbig so guet wie unbekannt isch gsi.

Darum het me ou ned verstande, wie sech d Verda het ufgfüehrt.

Sie het immer witer gsunge, u es isch ihre gröschti Wunsch gsi, nur einisch wenigstens, angerne Mönsche z begägne. Ab u zue ischsere mittlerwile ou glunge, e Ton zträffe. E Ton, wo ihre säuber so öppis wie Träne vor Begeischterig i d Ouge tribe het. Doch denn si us dene Träne vo Glück, Träne vo Truur worde, und d Verda het sech immer meh zrüggzoge.

Schliesslech het sie s Singe sogar igstellt. Aber dr Wältruum, wo angerne Gsetz folgt als mir se hie uf der Ärde kenne, het er Verda ihre Gsang ned vergässe. Är het no lang nacheghallt.

Ir gsamte Wüsseschaft, het me bis zu däm Zitpunkt agnoh, dases im Wältruum keni Grüsch git – doch da het ou no niemer mit der Verda grächnet.

Jahrzähntelang het ihre Gsang nachghallet bis er amene guete Tag aus Signal vo de Ärdebewohner isch ufgfange worde. Zerscht nur es uffälligs Ruusche, doch denn het me d Verda klar u dütlech ghört.

Darum het me die bishärige Erkenntnis über s Wältall komplett umgstellt.

Bsunders dr Profässer Dr. Dr. Wilbur vo Wiesebärg, het ihre Gsang als «das Paradoxon vom universelle Klang – e Paradigmenwächsu» und het derfür e Priis übercho. I sire Asprach bir Priisverleihig het är d Verda nur «Objekt X» gnennt.

Ir Wüsseschaft wärde nämlech säute Näme brucht, das wär vermuetlech z emotional.

Gärn hätt me se entdeckt, u no viu lieber hätti d Verda d Mönsche gfunde, vo däne wo sie sech so viu versproche het.

Uf ihrem eigene Planet ischsi jetz voll u ganz zure Frömde worde, u i de unändliche Wiite vom Wältruum isches de Ärdemönsche ned glunge, d Verda z finde. E Wand isch jetz zwüsche ihre und ihrne nächste Aghörige cho u das isch bis zu ihrem Tod - vieli Dekade später - so blibe.

Aber immerno isches z ghöre, ou uf dr Ärde und für immer im Wäutall bewahrt: Ihre Gsang. Bekannti Wüsseschaftler, agfüehrt vor Ur-Ur-ur-Änkelin vom

Wiesebärg, Privatdozäntin und Professorin Dr. Dr. Eleonore von Wiesebärg, hei no agfange es anders, rächt sältsams Phänomen nach dr Verda z benenne.

S Phänomen vo agnommener Kausalität, wo glichzitig wie induzierte, klangbasiert-visuelle Prozässe nachem Objekt X, wiu immer denn, wenn d Verda e Ton richtig troffe het, hets usgseh aus hätti die viele Stärne e chli stärcher gfunklet aus süsch.

Alexandr Alexandrowitsch

Alexandr Alexandrowitsch isch es höflechs, meistens guet gluunts Hündli gsi. Mit sim Herrli isch es bestens zrächt cho.

Chum öppis hets meh gschätzt aus die länge, zahlriche Spaziergäng mit ihm – ussert vilech no grad die schöne, weiche u kuschelige Stunde, weli äs hüfig uf sim Schoss het dörfe verbringe.

Alexandr Alexandrowitsch isch nämlech es usserordentlech verschmusts Hündli gsi und die Stricheliheite, mit däne sis Herrli ned gizet het, hei ihns mittlerwile ine fasch euphorischi Stimmig versetzt.

Wiu e Hund, u bsunders so eine wie dr Alexandr, sehr genau cha gspüre, wärs mit ihm guet meint u wär ned, isch ihm natürlech ned entgangen, dass es sis Herrli ganz usserordentlech guet meint mit ihm.

Är isch, ums churz z säge, total vernarrt gsi i si chlii treu Hund, wo är, wiuer chli sentimental isch gsi, nachem Hund vo sim verstorbene Grossvater müetter-

lichersits, wo usem färne St. Petersburg gsi isch, gnennt
het. Dr Boris Borisowitsch isch e Mönsch gsi, wo
settigi Traditione am Härz gläge si, und es isch ihm ou
durchus ned abwärtend für si Grossvater vorcho, dass
jetz sis Hündli däm si Name treit het. Hündli, so het är
gfunde, hei, vorallem we si en edle liebenswärte
Charakter hei, en genauso spezielle Name verdient, wie
e Mönsch.

Alexandr Alexandrowitsch het sim Name natürlech aui
Ehr gmacht u hätti mit Sicherheit es ganz wunderbars
und emene Träger vo somene usgwählte Name
agmässnes Hundeläbe hinger sich bracht, wäri ihm ned
Katharina, d Chatz begägnet.
Katharina het s Streunerläbe vo de Moskauer Tier
kennt. Ig muess ehrlech zugäh, dass ig ned weiss, wie
sie sech verständigt hei, aber sie muess em Alexandr

Alexandrowitsch vom Moskauer Streunerläbe verzellt und dermit sis Interässe gweckt ha. Boris Borisowitsch längt sech as Härz u het nach sire stärkschte Medizin verlangt, nachdäm ihm sis entzückende Hündli, sin treu Begleiter u liebschte Fründ isch abhande cho. Zwei Täg lang hetmene ned chönne derzue bewege, usem Bett z cho, so sehr heter um sis Hündli truuret.

Alexandr Alexandrowitsch hingäge het zur gliche Zit die unvorstellbar vielfältige, farbige, akkustische und gruchvolle Idrück vo der Moskauer Metro, i die sech vieli vo de Moskauer Streuner zrügzoge hei, wahrgno. Katharina het dert Müüs gjagt, die grössere Hünd hei sech grad diräkt ad Ratte gmacht, was Alexandr Alexandrowitsch doch grad chli räuberisch vorcho isch. Är isch eidütig e feinere Hund gsi u Bessers gwahnet. Trotzdäm hetter müesse zuegäh, dass d Streuner sehr nätt zu ihm si gsi. Jede einzelni. Sie hei zäme kooperiert, u sie hei teilet. Doch das wo sie hei teilet isch, trotz em zuenähmende Hunger wo dr Alexandr gspürt het, ned nach sim Gschmack gsi. Kurz gseid: Sehr schnäu heter sech nach sim Herrli em Boris u sim gmüetleche Deheime gsehnt, nach dem feine Porzellanschäli, us denen me ihm Ragout gäh het, nach de sidene Chüssi, uf die är a de Abende vorem Chemine isch bettet worde. Säubst wenn die andere Hünd s Läbe i der Moskauer Metro offebar spannend und abentürlech finde: Füre Alexandr isch das nüt gsi. Doch wie sött är jetz de Wäg hei wieder finde? Katharina, wo vorhär so interessiert gwürkt het, zeigt sech jetz glängwilet u het sech gweigeret, ihn hei z begleite. Sie hättis chönne, Chatze si da derzue ohni witeres ir Lag. Aber, u das het si dütlech zeigt, passt s ihre ned, dass dr Alexandr nach sim Deheime verlangt.

Vilech het sie ihn unverhältnismässig weich gfunde, vilech isches aber ou eifach Niid gsi, wiu si säuber kes so feins, agnähms und warms Deheime het wie dr Alexandr Alexandrowitsch. Wetteres aber ned für ha. Da derzue hani d Chatz Katharina zweni guet kennt. Zuedäm steit s mer ned zue, s Streunerläbe z beurteile. Me sötti, zmingst probiere das so viu wies möglech isch z berücksichtige, nämlech nur das verurteile wome ou kennt.

Genauso wenig wie Alexandr Alexandrowitsch kenn ig s Streunerläbe. Zwar het är sis chliine füechte Hundeschnäuzli es Zitli dert ine gsteckt, aber das, was dStreuner mitenand verbunde het, das, was ihne a ihrem eigene Läbe gfalle het, da drüber chani würklech nüt säge. Ig weiss nur, dass Alexandr jetz uf sich elei gstellt dür Moskau girrt isch - i der Hoffnig ufe Boris Borisowitsch z träffe oder wenigstens doch zmingst e Hiwies uf sini früecheri Wohnig z übercho. Vieli Wuchene ischer vergäbe uf der Suechi gsi.

Der grosse, offene Fründlichkeit vo de meischte russische Passante, und ou dr grad so sälbstverständliche Hilfsbereitschaft und Solidarität vo andere Moskauer Streuner isches z verdanke, dass är zmingst täglech öppis z Ässe bercho het. D Nächt hingäge si am Schlimmschte gsi. So dütlech gseht är i de Nächt sis Sidechüssi, s Chemine, sis edle Porzellanschäli, sis feine Ragout und vorallem heter s vertroute Gsicht vom Boris Borisowitsch vor sich gseh. De heter wieder ad Streuner i der Moskauer Metro dänkt, wo äbefalls fründlech zu ihm si gsi, bsi sini Gedanke de wieder zrüg zum Boris Borisowitsch gsprunge si, wo sie mit immer meh Rueh bis zu de akommende Morgestunde ou blibe si. Im Troum heter de immer wieder mitem Schwanz gwädlet, immer denn, wenn der Boris drin erschine isch.

Boris Borisowitsch isch, zum sire Verzwiflig e chlei z entcho, derzue übere gange, langi, einsami und sehr usdehnti Spaziergäng dür ganz Moskau z mache. Still durchquert är die bekannte Plätz genauso wie d Randbereiche. D Hoffnig, si gliebt Alexandr jemals wieder z gseh, hetter bereits ufgäh, entsprächend ärnscht, fascht versteinert het mittlerwile sis süsch so offene, weiche Gsicht usgseh.

Aber das, das söttet ir wüsse, söttme ned mache. D Hoffnig ufgäh, mein ig. Denn es isch a jenem Sundi, dr 18. Mai gsi, gäg die 4i am Namitag, wo dr Alexandr Alexandrowitsch, ir Nächi vor tschechische Botschaft, em Boris Borisowitsch diräkt vor d Füess glüffe isch. Mit der Hoffnig isches so es Sach. Ja, ufgäh sött me se ned. Aber, ou das darf ig öich natürlech ned verschwige: Für all die arme Streuner us der Moskauer Metro, hets churz drufabe leider ke Grund zur Hoffnig meh gäh. Sie si vo der Moskauer Polizei, uf Befehl hin, offiziell us Sicherheitsgründe aui zäme erschosse worde. Es grosses Sportereignis isch agstande und wichtigi Gäscht us aller Wält si iglade gsi.

Vielch hetme sech für die viele Streuner gschämt, möglicherwiis hetme dänkt, dass das vor de Bsuecher e chli e ärmliche Idruck chönnti hingerlah. Die genaue Gründ kenn ig ned.

Doch heisi zum Tod vo all dene liebe Streuner gfüehrt, dere Bekanntschaft dr Alexandr Alexandrowitsch i all denen vergangene Mönet het dörfe mache. Vieli Moskauer si damals sehr trurig gsi, ou dr Boris Borisowitsch, obschon är keine vo de Metro-Streuner persönlech kennt het, jedoch en usgwiesene Tierfründ isch gsi.

Eini allerdings isch de nächtliche Gwehrchugle grad so knapp entgange. Katharina, d Chatz.

Boris Borisowitsch hetere Fisch ines fiins Porzellan-schäli gleit, wo sie se eines Tages im Spätsummer bsuecht het. Nachdäm si gfrässe het, hett är se vorsichtig zwüsche de Öhreli gstrichelet.

Vo da a ischsi immer wieder cho.

Sascha u d Baba Jaga

D Baba Jaga, so seit me in Russland de Häxe, hett sech uf ihrne länge Wanderige dür Sibirie gründlech verirrt. Ig chas ned bewiese, aber ig gloube, dass sie gar kei ächti Baba Jaga isch gsi, sondern nur es grantigs, alts Wiib, wo z fescht vo sich isch überzügt gsi. E ächti Baba Jaga hätti sich niemaus ned einisch, u vorauem ned d Sibirie chönne verirre. Aber die Baba Jaga hie het no ned mau chönne flüge, geschweige de s Wätter behäxe, u öppis z Ässe het sie ou ned chönne bsorge. Sogar bi de Beeri wär sie es paar Mau usgrächnet uf die bsunders giftige iegheit, we da ned, wie vom Himmel gschickt e schneewisse Polarfuchs gsi wär, wo se schlau dür en Art Tanz abglänkt und vo däm giftige

Busch wägglockt hätti. Die Alti het ned gwüsst, dass ire dr Fuchs mit sire Kluegheit s Läbe grettet het. Stattdäm brummt sie vor sech häre:» Genau so blöd wie mi Sascha, genau so blöd!» Dr Sasch isch früecher mau ihre Ehemaa gsi. Blöd isch dä Sasch ou ned gsi, ganz im Gägeteil. Dr einzig grob Fähler wo är nie begriffe het, isch gsi, daser i sire Jugend uf d Baba Jaga inegheit isch. Sie isch mau ned ganz unansehlich gsi u het ganz bsunders saftigi Berliner, Häfeschnägge und Fischufläuf chönne backe. Aber wo si immer giftiger, boshafter, ziggiger, grimmiger u lunischer isch worde, da het dr Sascha sis Bündeli packt, het dr Baba Jaga Huus u Hof glah u het nur no sini Freiheit u si Seelefriede zrügwöue. Blöd isch auso dä Sascha mit Sicherheit ned gsi. D Baba Jaga, dere Chopf vo Hass und schlächter Luune aber ständig vernäblet isch gsi, het sit denn kes guets Haar meh a ihm glah. «Sascha» isch für sie jetz es Schimpfwort gsi, und, dumm und undankbar wie sie isch gsi, nennt sie jetz ou dä klug, hilfsbereiti, wunderschöni, suberwisse Schneefuchs «Sascha».

Mit däm het sie ihn natürlech wöue beleidige. Aber dir wüsst das besser u kennet ja jetz dür mini Erzählige dr richtig Sascha. U dä isch, das cha ig öich versichere, e würklech feine Kärli gsi. Het däm Tüfelsbrate sogar Huus u Hof überlah u kes böses Wort über sie isch jemals über sini Lippe cho. So aständig u klug isch dä Sascha gsi. Und so het die Baba Jaga natürlech ou em Sascha, em Schneefuchs, mit däm Name gar nüt chönne zleid wärche. Sascha, dr Fuchs, isch Mönsche idere Gägend ned gwahnet gsi. Är het die alti Frou ned so rächt chönne ischätze, doch isch ihm einisch, vor vielne Jahr, e Mönsch zur Hiuf cho, wo sech sini Vorderpfote ire Schlingfalle verfange het. Siderhär isch Sascha Mönsche gägenüber grundsätzlech positiv gsinnt gsi, was, wie sech no wird usestelle, durchus ou e nachteilige Effekt cha ha.

Zerscht gspürt är, dass die alti Frou ohni sini Hiuf ned witer chunt. Sie würkt schwächlich, hungrig u müed. Tierli dänke da ned drüber nache, wie mir Mönsche. Vielmeh mache sie eifach, will sie das gspüre. So lockter d Baba Jaga miteme früsch gfangene chliine Marder, wo är zwüsche de Zähn häbt, hinger sich. Är het nämlech e Ungerschlupf kennt, wo früecher mau e Jäger het gnützt. Dert hets ou e Füürstell gäh, so dass är der alte Frou dr Marder het chönne überlah. Sie het tatsächlech so usgseh aus brüchti sie dringender e Mahlzit als är. Für Sascha isches ned schwär gsi, sich öppis z erbüte. Är isch no jung und sehr gschid, und zudäm usserordentlech usduurend. So wie är es sich vorgstellt het, isches ou passiert. D Baba Jaga isch ihm gierig nacheglüffe, dr Blick ufe Marder i sim Muul grichtet. Sie stolpert fasch füüf Kilometer hinger ihm här, bis är se schliesslech sicher zu däm ehemalige Jagdverschlag het gfüehrt. I däm holzige, stabile Jagdverschlag hets süberlich ufgschichtet, sogar no Brönnholz und Gschirr, e Latärne, e volli Schachtle mit Zündhölzli, Cherze, e Schlafsack u vieli Jagddechine,

Fäli sowie Überräschte vo Malzkafi imene verschlossne Glastopf, wo ine Dechi isch igwicklet gsi. Dernäbe isch es ähnlechs Glas gstande mit Räschte vo Honig. Sogar Salz isch vorhande gsi u chlei Pfäffer, es igmachts Glas mit Gurke u eis mit Beeri. Ned viu, aber immerhin. I eire vo de Channene wird me chönne Schnee schmelze. Sie chönnti sich zÄsse u zTrinke zuebereite, u beides ou no warm. Ja, auso we dBaba Jaga jetz ned zfride isch! Offebar isch si das ou gsi: » Hey, Sascha», het si gnölet, du bisch irgendwie doch zu öppisem guet.» Sie grinset zfride vor sech häre. « Bliib doch chli hie sitze, de chani mich a dim schöne, dichte Pelz wärme.» Dr Sascha het ned verstande, was sie mit ihrem fasch zahnlose Muul da quaaslet het, doch em Tonfall a ghört är, dass är offebar willkomme u iglade isch gsi, mit der Baba Jaga e chli am Füür d sitze. Mit gönnender Mine git sie ihm es Fätzeli vom grillte Marder, über das sech dr Sascha här macht. Es isch würklech e länge, chalte Tag gsi u är het Hunger gha. «So», miteme Ruck risst sie ne jetz a sich u presst ihn a ihre dürri, chnochigi Körper. «U jetz chasch du mich e chli wärme, schöns Füchsli.» Das het em Sascha ned grad bsunders gfalle, wiu dr Griff vor Alte isch isig gsi. Jetz wo sie sech mit Marderfleisch u gsüesstem Malzkafi gstärcht het, si ihri Chräft beachtlich gsi.

Da dr Sasch aber usserordentlich guetmüetig isch gsi und ou immer no de fründlich Mönsch vo damals, dä, dä wo ihn grettet het im Chopf het, het er sech ned gwehrt u wärmt mit sim Körper de chnochig Körper vo der Baba Jaga. Obschon sie würklech sehr mager isch gsi, het sie, das muess dr Sascha zuegäh, ou e chli Wärmi abgäh, u so heter öppis gmacht, wo eigetlech ganz u gar ned typisch für en wilde, sibirische Fuchs isch: Är isch bi ihre blibe.

Sie si es guets Team worde. Är het se vor Gfahre bewahrt u het s Ässe bsorget. Sie het dünni Äschtli bsorget, het Ässe kochet, Füür gmacht, het mit der Channe Schnee zu Wasser touet u wärmt ihn i de iisige Nächt, so wie är sie gwärmt het.

Är isch, wie s de Füchs ou nachegseit wird, sehr schlau gsi, so dass d Baba Jaga u är vieli Täg i däm Verschlag hei chönne huuse, ohni dass eine vo ihne under Hunger, Durscht oder Chälti het müesse liide. «Du schlaus Füchsli», het si öfters gurret. « Du listigs, schlaus Füchsli!» Offebar isch si mit em Sascha rächt z fride gsi u dr Sascha het ou nüt dergäge gha. Was är ned gwüsst het isch gsi, dass die Alti agfange het, ihn usznütze u Plän z schmide wie sie vo ihm no meh chönnti profitiere. Da är sehr schlau isch gsi, het sie das mit verschlah verwächslet. Sie het ihn zumene Dieb wöue erzieh, u so i dere Stadt, i die si planet hei z gah, rich zwärde. Hüehner u Bibeli het är ihre söue us Ställ stähle, Schmuck, Münze u schöni Stoffe us Wohnige. Ihrer Fantasie sie keni Gränze gsetzt gsi.

Aber d Baba Jaga het sech girrt, wenn sie dänkt het, dass dr Sascha, nur will är schlau u guetmüetig isch gsi, als Dieb fähig gsi wäre. Sini Schlauheit het er nur igsetzt, zum sich u d Baba Jaga vorem Hungertod z bewahre. Sie, wo e bösi und durchtribeni Frou isch gsi, het ned chönne Begriffe, dass es en Ungerschied git, öb öpper klug u schlau oder eifach nur dürtribe und abbrüeht isch gsi. Da si sälber e dürtribeni u abbrüehti Person isch gsi, het sie die Eigeschaft automatisch i jeder andere Kreatur uf Russlands schöner Ärde gseh. Ou das ligt i der Natur vom Mönsch. Sie gseh das, was si sälber si, öfter übergross im Angere. Gseh isch derbi ned srichtige Wort. Sie gsehs nämlech ned würklech. Vielmeh «gsehs» si i dMönsche oder Kreatur eine, wo s Päch oder s Glück hei, ihne z begägne. Im Fall vo der Baba Jaga handlet es sich eidütig um Päch. Sascha het kes grosses Glück ir Wahl vo sire Begleiterin gha u durchus kes grosses Gschick i der Uswahl vo ihre bewise. Doch ou das begründet sech uf em genau gliche Sachverhalt. Wiu dr Sascha guetmüetig isch gsi, und är zuedäm schomau die rettendi Bekanntschaft vomene hilfsbereite Mönsch het gmacht, het är d Baba Jaga positiver gseh, aus sie eigetlech isch gsi. Säubscht wo si ihn hingerrucks i dä alti Schlafsack gsteckt het, hinger sich härezoge het u ghofft het möglichst bald mit ihm i die nächschti Stadt z cho, wo är als Dieb für sie hätti söue schaffe, het är sech ned gwehrt. Vieli Kilometer het sie ihn düre Schnee gschleipft. Är het se schwär ghöre chüche u schimpfe, het nüt gseh u nur dä muffig Gruch gschmöckt, wo s Innere vom Schlafsack i sech het gha u het ned so rächt gwüsst was mit ihm passiert.

Miteme Mal isches nüme witergange. Är het ou keni

Grüsch meh ghört. Sascha het sech langsam füretaschtet. Die faltigi Hand, wo de Schlafsack het zueghäbt, daser ned het chönne entcho, isch jetz, wie di gsamti Baba Jaga, mitem Gsicht nach für stiif u wortlos im Schnee gläge. Vorsichtig het Sascha sie beschnupperet. Sie het ke Lut vo sech gäh u sech ned bewegt. Är het ned gwüsst, waser söu mache.

Natürlech ischer es schlaus Tier gsi, aber ou bi schlaue Tier chunnts vor, dass sie nümme witerwüsse. So isches bim Sascha i däm Ougeblick gsi. D Baba Jaga isch dört gläge, mitts im Schnee, d Sunne im Nacke, denn no isches häu gsi. E fiine Schneestaub keit uf d Wäut, aber dr Himmel isch so blau gsi wies nur e Himmel in Sibirie het chönne si. Sascha het sech mit sim Körper um ihre Chopf gschmiegt, wahrschinlech zum sie z wärme. So ischer e Wili bi ihre blibe, sie prachtvoll Pelz ungerscheidet sich rein optisch chum vom Schnee und doch isches um einiges wärmer gsi.

Wo sie sich de immer noni bewegt het, u dr Schnee sie u dr alt Schlafsack immer meh unger sich begrabe het, wos chälter, dunkler u bissender worde isch, isch dr Sascha ufgstande u isch mit sine schmale Bei u sim schöne, wisse Pelz diräkt i sie Fuchsbou gange.

Ei, zwöi Müs heter sech no fürs z Nachtässe chönne fange denn het er sech zrügzoge.

Die Nacht, wo är sit längerer Zit s erschte Mal wieder alei verbracht het, schint ihm e chli chälter z si aus süsch, doch das het ihm nüt usgmacht. I sim Fuchsbau isches warm gnue gsi.

Am nächschte Morge ischer diräkt zu der Stell glüffe, woner d Baba Jaga het zrügglah.

Sie isch immer no dört gläge, aber meh hett se no chum mit blossem Oug chönne gseh. Dr Schnee het se jetz fasch ganz unger sich begrabe.

Nur e Teil vo ihrne Haar het no unger dr Mütze u em Schnee füre gluegt, das isch alles gsi. Sascha isch no e Momänt bi ihre gsässe. Dört hani ihn gfunde. Es isch e so es iprägsams, berüehrends Bild gsi. Wie är dört isch gsässe, d Vorderpfote ordentlich näbenang i Schnee gstellt. Dä treu Sascha, wo die alti, erfroreni Frou bewacht. D Sunne het a däm Tag bsunders hell gschine, u s Glitzere vom Schnee het eim alles für e Ougeblick no unwürklecher la schine als es ohnehin scho isch gsi. Diräkt hani es Wibli gseh, wo so wies usgseh het usem Nüt isch erschine. Ig ha blinzlet, und wo ig miner Ouge wieder ha ufgmacht isches verschwunde gsi. Nur das hübsche Schneefüchsli u die toti Frou im Schnee isch über blibe, d Chälti u d Sunne derzue. Ihri Strahle ei chlini Irrliechter erzügt u wieder hani dänkt ig tröimi.

Wieder gsehni wie usem Nüt das chliine Wibli vor mir stah. Wieder isches verschwunde nachdäm i ha blinzlet. Doch ihri Fuessspure sie no sehr dütlech im Schnee z erkenne gsi, was mich verwirrt het. S Wibli ischmer bekannt vor cho. Ig has scho mau gseh, vilech imene Buech – oder doch zmingscht scho vo ihm ghört. U so hani für en winzige Momänt dänkt, es sigi mir hie jetz grad höchschtpersönlech erschiene: S Russewibli Olga, wo ig bis jetz für e reini Legände ha ghalte. De

Erzählig nache, het s Russewibli Olga alli dadüre versöhnt, indäm äs gseit het, dass d Sunne glichermass uf jede schinet. Scho damals, u ig bi denn no sehr jung gsi, isch mir das sehr weis erschiene. Jetzt, wo ig chlei älter bi, sogar no meh.

«Louf i Wald mis Füchsli», han ig der Sascha e-rmunteret. Dä het sech de ou ned lang drum la bitte. Är streckt sini chlini Schnauze id Luft, wahrschinlech zum e genaui Witterig ufznäh, het bim Verbigah liebevoll mis Bei gstreift, het sech no es letschts Mau nach mier u der Frou im Schnee umdräit, de ischer elegant mit wenige Sätz hingerem Dickicht verschwunde. Ig bi chli ratlos zrügblibe u ha mi zerst da drum bemüeht, mi wirr Chopf z ordne. Der sibirisch Winter cha de eigete Gedanke tatsächlech der eint oder anger Streich spiele. Aber das hei isch real gsi. Hie isch öpper gläge, vo dä me de Tod het müesse mälde. Ig ha de letscht Schluck heisse Tee us mire Thermoschanne trunke u ha miner Füess i dene schwäre Schueh chlei bewegt. Dür die starchi chälti hanise chum no chönne gspüre. Ig ha no chli gwartet, bis s Bluet wieder isch i ihne gsi, u ig mier ha chönne sicher si, wieder guet chönne z loufe. De hani mi ufe Wäg id Stadt gmacht. Immerhin hani müesse dr Tod vo der Baba Jaga mälde, wobi ich mier immer meh unsicher bi gsi, öb das würklech d Baba Jaga cha si. Je meh ig drüber nachedänkt ha, umso unwahrschinlicher erschients mir nämlech. Niemals wäri das ire ächte Baba Jaga passiert. Sie erfriere ned im Schnee, sie gheie ned tot um vor Erschöpfig u sie

verirre sech ned im Wald. Gar, u vorallem ned, in
Sibirie. U während ig mier no überleit ha, was die alti
Baba Jaga jetz het chönne oder äbe ned, wär sie isch
gsi, oder ned: Eis het sie jedere echte Häx, jedere ächte
Baba Jaga vorus. Sie het i ihrem Läbe nämlech das
grosse, vilech unverdiente Glück gha, am Ändi vo
ihrem Läbe usgrächnet no dr Sascha lehre z kenne.
E schlauere u liebere Schneefuchs suecht meh nämlech
in ganz Sibirie vergäbe. Wär weiss.
Vilech isches es unverdients Glück gsi. Vilech aber ou
es Gschänk.

 **Claudia J. Schulze** ist freie Autorin und Bibliotherapeutin. Studium der Psychologie, Philosophie und Pädagogik Journalismus und der Literaturwissenschaften.

Sie arbeitet in eigener Praxis psychotherapeutisch mit Kindern, Jugendlichen und Erwachsenen, und entwickelt interdisziplinäre therapeutische Materialien. Zudem ist sie Trauerbegleiterin für Einzelpersonen und für Familien. Bereits in ihrer Diplomarbeit, später dann auch während ihrer Promotion, befasste sie sich mit der Frage, inwiefern Literatur sich auf therapeutische Prozesse positiv auswirkt. Kontakt:

CJ.Schulze@gmx.de Praxis Dr. Claudia J. Schulze, Grünberger Str. 8, 78052 VS-Villingen

Ein Großteil des Gewinns aus den Büchern kommt Einrichtungen wie Palliativ- und Rehabilitationseinrichtungen für Kinder und einem Kinderhospiz zugute.

Deborah Mock

Schauspielerin und Synchronsprecherin aus der Schweiz (Appenzell). Von ihr ist die gesprochene Version der Geschichte von Mia und dem Einhorn (Gesprochen in Züridütsch). Hier ist die Verlinkung angezeigt. Die Hör-Geschichte befindet sich auf Soundcloud.

Unterstützt wurde dieses Projekt durch die‾ Bärbel Schulze Stiftung für therapeutisches Schreiben und Lesen.

Anke Hartmann (Illustrationen) ist Freie Künstlerin, Illustratorin, Kinderbuchautorin und Geschäfts-führerin einer Leipziger Grafik-Werkstatt und des Raumkind-Verlages. Ihre ausdrucksstarken und liebevoll gestalteten Bilder erfreuen sich großer Beliebtheit, weit über Leipzig hinaus.

Anke Hartmann ist Autorin des Buches: „Die letzte Reise" (Raumkind Verlag).
Die Kleine Träumereien am Lindenauer Markt, Leipzig werden von ihr geführt-
Alle in diesem Buch verwendeten Bilder können bei Anke Hartmann persönlich in Leipzig als Poster, Postkarte, Button, bedrucktes Kissen etc. bestellt werden.

Sie vertreibt diese Online und in ihrem Laden in Leipzig. Alles dort ist sehr liebevoll, individuell und wundervoll gestaltet.

 *Übersetzt von* **Cornelia Grütter-Nessier**

Ich schätze jeden Tag den ich erleben darf. Nach dem Motto "Gib jedem Tag die Chance, der Schönste zu sein", lebe ich jeden Tag intensiv und bin dankbar für das Wunder *Natur*. Ich habe das grosse Glück, in der wunderschönen Schweiz zu leben.

Mein Mann, meine drei mittlerweile erwachsenen Kinder und unser schwarzer Kater Nicki machen mein Glück komplett.

Ich bin ein friedliebender Mensch, der es gerne ruhig und gemütlich hat.

Stress und Hektik habe ich vor einigen Jahren abgelegt und seither lebt es sich viel einfacher. Seit 2015 arbeite ich in einem kleinen Qaurtierladen und dort habe ich im Team und in den Stammkunden eine zweite Familie gefunden.

Meine freie Zeit verbringe ich fast ausschließlich mit meiner bald 87jährigen Mutter.

Sie ist ein sehr wichtiger Teil in meinem Leben und ich genieße jede Minute, die wir zusammen erleben dürfen. Dank dem dass sie neben unserer Wohnung eine kleine eigene Wohnung hat, kann sie nach wie vor in ihren eigenen 4 Wänden leben.

So kann ich zu ihr schauen und sie in allem was sie tun möchte unterstützen. Und das ist unser grosses Glück das wir zusammen teilen und uns gegenseitig genießen.

Sie ist eine Frohnatur, lacht gerne und viel und es erfüllt mich mit Wärme wenn ich sehe dass sie zufrieden und glücklich ist.

Link zum kostenlosen Bonus-Hörbuch:
Unterstützt durch die Bärbel Schulze Stiftung für therapeutisches Schreiben und Lesen.

https://tinyurl.com/t9ysxor

Weitere Links zu einzelnen Geschichten, gesprochen von Werner Wilkening

https://tinyurl.com/yx45f6cb
https://soundcloud.com/user-254011530/mia-und-das-einhorn-zuridutsch-von-deborah-mock-gesprochen

Von Claudia J. Schulze ebenfalls erschienen:

Nachtflüge, Geschichten zwischen den Welten (Band1 der Lukas-Reihe)

Rabenfedern bringen Glück (Band 2 der Lukas-Reihe)

Nebelträume (Band 3 der Lukas-Reihe)

Korax und das Geheimnis der Kürbisse (Band 4 der Lukas-Reihe)

Lukas und die Geschichte der Schatten (SONDEREDITION)

Zauberbücher- Fragebögen zur Lukas –Reihe

Kindheit ist kein Kinderspiel- Interpretationshilfen zur Lukas-Reihe

Die Reise nach Holland – Therapeutische Geschichten

Morgensterne – Bibliotherapie für Kinder

Leah Löwenherz – Ein Trauerbuch für Kinder

Ruby Blue – **Leseproben** mit **Bonus – Geschichte**

Cinderellas Schwester- oder: Der Schuh ist zu klein

Entspannen mit Lilly – Entspannungsheft

Direkt bei BOD oder in jeder anderen Buchhandlung zu bestellen.

Neuste Auflagen immer bei BOD!

Wir unterstützen das Kinderhospiz „Sterntaler" in Mannheim und Kinderkrankenhäuser in Deutschland, Österreich und der Schweiz